沒人懂你是你的問題

肯定是你的問題

是靠自己最好，還是因為你只有自己可以靠？

80個魅力訣竅，從今天開始自我改造！

分組報告、團體活動、合作專案……

任何需要與人團隊合作的事，你只能單打獨鬥？

吃飯一個人吃、下課一個人走，懂你的人到底在哪裡？

其實，有時我們只需要踏出一小步，

主動改變自己的壞習慣、小缺點，

收穫的友誼會比你想像的多更多！

卓文綺，江城子 編著

目 錄

目錄 ————————————————

目錄

前言

每個人都希望能被更多人喜歡，就連尚在襁褓中的嬰兒，他們也會在大人們充滿喜愛之情的話語中露出愜意的笑容。生活在這社會中，若能被別人喜歡，就會擁有一個良好的人脈資源平臺。

讓別人喜歡你？憑什麼？

喜歡一個人，需要理由嗎？就像愛一個人，需要理由嗎？需要的，只不過很多人並沒有仔細去分析與思索那些理由。世上沒有無緣無故的愛，也沒有無緣無故的恨。同樣，世上也沒有無緣無故的喜歡與討厭。

一首由「Beyond 樂團」演唱、流傳很久的經典老歌叫〈喜歡你〉，開頭的幾句：「喜歡你，那雙眼動人，笑聲更迷人……」看起來，作者喜歡「你」的理由是「你」動人的眼與迷人的笑。但是，一個人是因為可愛而美麗，不是因為美麗而可愛。因此，喜歡「你」的理由更確切地說是因為你的可愛。

要成為一個可愛的人，讓別人喜歡你，你首先要有高尚的品格，才能獲得別人的尊重。然後在別人尊重你的基礎上，用圓熟的處事技巧，一點一滴地培養感情，最大限度地獲得別人的好感。

本書運用階梯狀的結構方式，以人的品格為基礎，再逐漸延伸處事策略方面的內容，抽絲剝繭，層層遞進，一步一步引導讀者學習為人處世，邁向巔峰。本書用精闢的論述、務實的語言、典型的實例，將如何贏得人心的 80 個細節多角度、多層次地展現給讀者；具有很強的可讀性、實用性和操作性。

本書所列的細節作為讀者完善自我的參考，希望能為讀者帶來意外的收穫。我們付出的所有努力，將會使我們變得更加討人喜愛。

編者

前言

第一章　自愛自信 積極樂觀

▌自尊自愛

> 曾經有個偉人說：「一個懂得恰如其分地熱愛自己的人，一定能恰如其分地做好其他一切事情。」

每一個人都希望得到別人的喜歡與認同，這是人類內心深處的一種渴望。許多研究報告顯示，人最強烈的一種欲望就是得到大家的喜歡。想要讓他人喜歡你、認可你，首先就要自尊自愛。一個不能自愛的人，想要贏得他人的喜歡是荒謬的。

你覺得自己的身材、容貌怎麼樣？浴室的鏡子、街頭的商店櫥窗、公司廁所的鏡子想想看，上次瞥見自己時，感覺如何？有沒有注意到什麼「缺點」？當你止步細看鏡中自己的身影時，你是否會微笑地說：「哇！我今天看起來真不錯！」還是會立刻把注意力集中在某個不太對勁的地方？我們為自己的外表耗費過大的注意力，並因此埋下最耗元氣的禍根。有這麼一段話：「我們每個人都攜帶著一面放大鏡，只要一抬眼，便會注意到自己個子太矮或太高大，身材太胖或太瘦，包括平常自認逍遙自在、無牽無掛的你也不例外。一旦你能粉碎這面鏡子，自我的完整、生命的喜悅便都成為可能的事。」

不少人常常會不由自主地把注意力集中在自己最怕暴露的身體「缺陷」上。一個開始禿頭的男人往往會設法留一縷長一點的頭髮將已禿的頭皮盡力掩飾，這種舉動無形中透露了他對自己頭髮掉落的事實感到心虛，結果反而引來更多人將眼光集中在他的禿頭上。當一個身材豐滿的女人穿著黑色緊身衣，嘴裡還不斷抱怨自己餐桌上的東西很難吃時，她留給別人的印象除了「太胖」之外，就不會有其他感想。如果我們為自己外表上小小的缺點而自暴自棄，別人即使想幫我們破除障礙，提醒我們身上還有其他具吸引力的優點，恐怕也是困難重重的。

其實，身上散發出的氣質，其重要性遠勝於實際的面貌特徵。如果鄙視自己，無形中也會發出：「別來注意我」或「我沒化妝簡直不能看」的訊息。這種自我否定會使他人跟著低估你的魅力。

不管你有沒有當封面女郎和健美先生的資格，但卻永遠可以抱持著「我是最好的」態度，不必表現出任何羞愧、尷尬或壓抑的樣子，正如羅斯福夫人（Eleanor Roosevelt）所說：「沒有你的同意，誰也不能讓你覺得自己差人一等。」如果能培養出這種自信的態度，你的魅力就能夠傳達給身邊的所有人。

我們都見過一些身材特別高或特別矮，或者超級胖的人，他們之中有些人的態度從容自得，充滿自信，根本不會想到要拿他們和社會上一般的標準做比較。有些禿頭的男性絲毫不因為那片童山濯濯的頭頂而減損他們的自信。或許美醜與否在於觀賞者本身，但是別人如何評判你的儀表，關鍵是你自己。

用自信撐起魅力的天空

一個充滿自信的人，他的面部表情、待人接物、言談舉止都充滿著積極向上的感覺，舉手投足之間都洋溢著吸引人的魅力，人們往往願意和這樣的人相處，並能感受到自己全身上下也有一股正面能量。

從前，英國有一個爵士，他一生情場得意，風流韻事無數。大家都知道他有一根特殊的手杖，他只要握緊手杖的頂端並向某個女人行注目禮，那個女人就被迷得神魂顛倒，把持不住。他憑著這根手杖，幾乎戰無不勝，攻無不克。爵士在晚年時自己透露出手杖的祕密，那不過是一根極其平常的手杖罷了，沒有任何特別的地方。他知道女人都相信那個傳說，也就自動對他卸下了心防；而他一旦手杖在手，便充滿自信，勝算大大增加。

心理作用有時能產生出極大的力量，如果確信某件事情必然發生，最後

它果然發生；如果確信某件事情可以辦成，便會辦成。在某個戰場上，指揮官下令撤退，士兵們依照他們平常所受的訓練在敵人的炮火中快速移動。有一個士兵中彈倒地，血流不止。他對戰友說：「我不行了，我受傷了，我要死了。」他的戰友用十分堅定的語氣說：「你沒有受傷，你身上的血是別人的，你可以跑得比我更快。起來！我們趕快脫離戰場。」

那位受傷的戰士聽後竟一躍而起，比中彈以前更迅速敏捷，終於安全地撤離，最終躺在醫院裡接受治療，恢復健康。在戰場上這樣的奇蹟幾乎每天都會發生，每一個老兵都是證人。

在人生的舞臺上我們要時常保持自信。如果希望自己是一個受人喜歡、擁戴與追隨的人，就必須相信自己能夠或者已經就是這樣的人。而在這樣的自信之下，瀟灑大方地與人握手，發自內心的笑……你就會成為一個真正有魅力的人。

當進入到一個完全陌生的團體時，只需幾分鐘就可以辨別出哪些人是主角。是什麼使他們與眾不同？是否是他們的自信？我們不得而知。

如果想要做一個招人喜歡的人，自信就是必備的條件之一。一個人很可能知道自己的目標，但往往容易缺乏自信，這樣就無法吸引他人，說服他人同行。自信可帶來信任，使他人相信自己。

一群來教會開會的牧師，在第一天早上的討論會結束後，前往交誼廳共進午餐。彼特晚了幾分鐘才到，以為大家都已就座了。沒想到這 150 人全在門外排隊。在隊伍的最前面，站著彼特 6 歲大的兒子喬，他高舉著雙手，正在發號施令。「要再等一下，他們才能弄好！」喬其實完全不知道發生了什麼事，但他充滿自信地發號施令，讓這些牧師乖乖聽令。

為什麼自信會產生如此巨大的魅力 —— 甚至連一個年僅 6 歲的小孩也不例外？這是因為自信的人眉宇間往往都有一種特定的從容與鎮定，給人一種不容置疑的壓力。

義大利著名影星蘇菲亞・羅蘭（Sophia Loren）說得好：「擁有自信的美貌還不如有自信的醜陋那麼有吸引力。」她自己不平凡的人生經歷充分證實了這個觀點。她年輕時踏入影壇的時候，攝影師認為她的長相不美，顴骨高、鼻子高、嘴巴太大，並提醒她說，你如果想要拍電影，那就先去做整型手術吧，把自己的臉做得漂亮一點。然而，她卻自信地說，我根本不需要去做整型手術，因為我的樣子很美！我有不同於他人的獨特的美。幾十年過去了，蘇菲亞・羅蘭的容貌依然如此，但全世界的人都承認她是一個具有野性美的女人，而且，蘇菲亞・羅蘭取得了過人的成就，成為世界級的女影星。可以說，自信的「醜」就是充滿魅力的一種「美」。

唯有自信，心中才會有一種富有個性特徵的自我形象。有了積極肯定的自我形象，才會追求和表現屬於自己的美，而不是從眾流俗，東施效顰，去追求和效仿別人。蘇菲亞・羅蘭的美，就是一個很好的證明。美不美，漂亮不漂亮，本來就沒有固定而統一的標準，關鍵在於自己的心態，在於如何認識與評價自己。放棄完美，熱愛不完美的自我，即使你長得不美，也可以在別的方面發現亮點，照樣可以不卑不亢，出類拔萃！

如何成為一位有自信的人

有一種培養自信心的方式是和有自信心的人建立友誼。有句諺語說得好：「物以類聚」，偉大的人可使我們與他在一起時覺得自己偉大。

小明似乎從來沒做過任何一件對的事。而他的問題之一是他的母親總是片刻不離他身邊，並立刻指出他的弱點，這使得小明難以建立自信心。

有一次母親雙手叉腰，又開始數落小明，說他是個失誤大王、冒失鬼…

我敢保證如果你在犯錯時聽到這樣的數落，那將很難培養自信心。每次在你做事的時候，都有個人打擊你，自信心削弱大半。若想成為一個充滿自信的人，我們一定要置身於有信心、相信自己、懂得鼓勵自己的環境當中。

　　培養自信的另一方式是規劃一些短期目標，並確實完成它。先從小的成就著手，漸漸地，你就可以處理越來越大的挑戰。

　　有一位廣播員在他的訪談節目上，分析為什麼棒球俱樂部近來開除了幾個隊員。他的結論是：「你可以從他們比賽時的表現看出，他們對自己沒有信心。他們幾乎已經準備好要失誤了。」

　　若一直保持不敗，你會覺得自己是個沒有極限的人；不斷地失敗則會產生反效果，會開始覺得自己是個毫無希望的失敗者。培養合理、均衡自信心的最佳方式是在贏得數項勝利之後，立刻來次挫折，但別讓自己沉溺在挫折中無法自拔。

　　建立信心最有效的方式是找出自己的專長，加以強化培養。它可以是項運動、工作、天賦，或後天培養的個人才藝。

▌愛人者，人恆愛之

> 不對別人感興趣的人，別人也不會對他感興趣。所有人類的失敗，都出自這種人。
>
> —— 阿德勒（Alfred Adler）

　　還記得那個世界上最了不起的推銷員喬‧吉拉德（Joseph Samuel Gerard）嗎？他成功的祕訣就是讓顧客喜歡他。為了博得顧客的喜愛，他會去做一些看上去完全是吃力不討好的事。比如說，每個月他都給他的一萬三千名顧客送去一張問候的卡片。卡片的內容隨季節而變化（新年快樂、情人節快樂、感恩節快樂……等），但卡片的封面上寫的永遠是同一句話：「我喜歡你」，用喬‧吉拉德的話來說：「卡片上除此之外就沒有什麼別的東西了。我只是想告訴他們我喜歡他們。」

　　「我喜歡你」這句話每年都會在 13,000 人的信箱中出現 12 次，就像時

鐘一樣準確。一句這麼缺乏個性的話，只是推銷員推銷術的一部分，難道真的會有用嗎？喬‧吉拉德卻對此深信不疑，而一個像喬‧吉拉德這位成功人士的看法無疑是該得到我們重視的。事實上，喬‧吉拉德懂得人類天性中的一個致命弱點，也就是說我們對奉承話從來都是來者不拒、照單全收的。

有位先生是一家公司的總裁，也是著名的銷售專家，當人們問及一個成功的銷售員該具備哪些基本條件時，他指出：「當然是喜歡別人。還有，一個人必須了解自己公司的產品而且對產品有信心，工作要勤奮，善於正面思考。但是，最重要的是他一定要喜歡他人。」

這也是受人歡迎的基本要素。從本質上講，我們可以說受人歡迎是銷售員職業素養的某種表現形式，因為從某種程度上講，你在推銷產品的同時，也在「推銷」自己。當一個人可以真心地喜歡他人時，他一定會招人喜歡。所以，要獲得他人的喜愛，首先必須要真誠地喜歡他人。這種感情必須是發自內心的，而非是別有居心。

有些人認為喜歡別人比較困難。但是，如果你能學著多喜歡別人，今後對別人產生好感就越容易。光靠嘴巴上說「我要去喜歡他人」是沒用的。正如很多事情其實很簡單，但並非很容易做到。「喜歡別人」是一種生活方式的結果，它是一種訓練有素的思考模式的產物。而能使你喜歡別人的一種思考方式，便是積極思考。也就是說，你必須以一種積極的態度，而非消極的想法對待其他人。

當人們屏除了恐懼、憂慮及自我中心意識後，便會發現生命中真正的樂趣及喜悅，整個世界似乎煥然一新。覺得自己可以開始去愛所有事物，因此也變得熱心、快樂，最後也贏得別人真正的喜愛。他們由畏縮退卻、心懷憂慮的人轉變成充滿活力、魅力的人，也變得心胸開闊，對人充滿友善和仁慈。

一個人如果只關心自己，很難成為一個被人喜歡的人。要成為受人敬重的人，必須將你的注意力從自己的身上轉到別人的身上去。哲學家威廉士

（Sir Bernard Arthur Owen Williams）說：「人性中最強烈的欲望便是希望得到他人的敬慕。」這句話對於「別人」也同樣適用，他人也希望得到你的敬仰。如果你過度關心你自己，就不會把注意力放到別人身上。別人想獲得你的關心，卻無法從你這裡得到，當然也不會注意你。

　　有一位年輕人，他是位天生的正面思考者，這真是上帝的恩賜，因為大多數人要養成這種思考模式，還需要練習實踐。他可謂是一名了不起的「欣賞家」，所以，他也深受大家喜愛。人們非常喜歡和他談話，因為他是一個讓人感到振奮的人。

　　人們喜歡他當然不足為奇。他常常鼓勵別人，最重要的是他能注意到別人的需求，慢慢地，他自己便成為受人愛戴的人了。

　　如果你希望別人喜歡你、敬重你，你必須先學會去愛別人。要真正地去關心別人、愛別人，激勵他們展現出最好的一面。那樣正如不求回報做善事終有所回報一樣，別人也會加倍地關心你、愛護你。

　　卡內基在他的《影響力的本質》一書中寫道：「不管是屠夫，或是烘焙師傅乃至寶座上的皇帝，通通都喜歡別人對自己表示好意。拿德國皇帝來說，當第一次世界大戰結束時，他成了十惡不赦的罪人。在憤怒的人民中，卻有個寡婦的孩子寫了一封非常單純的信給他。這個小孩說，不管別人怎麼想，他都會愛戴他的君主。德皇深受感動，便邀請這個孩子去做客。」

　　維也納已故的著名心理學家阿德勒（Alfred Adler），寫過一本名為《自卑與超越》的書。在那本書中，他說：「不對別人感興趣的人，別人也不會對他感興趣。所有人類的失敗，都出自於這種人。」

　　著名魔術家薩斯頓（Howard Thurston）最後一次在百老匯上臺的時候，《思考致富》作者希爾（Napoleon Hill）花了一個晚上待在他的化妝室裡。為什麼呢？因為薩斯頓，這位被公認為魔術師中的魔術師，前後40年，曾到世界各地一再地創造幻象，迷惑觀眾，使大家吃驚得喘不過氣來。

共有 6,000 萬人買票看過他的表演，而他賺了幾乎兩百萬美元的利潤。

希爾請薩斯頓先生告訴他成大事者的祕訣。薩斯頓說他的成功與學校教育沒有什麼關係，因為他很小的時候就離家出走，成為一名流浪者，搭貨車，睡稻草堆，沿路求乞，他是靠坐火車中向外看鐵道沿線上的標示而認識了字。

他的魔術知識是否特別優秀？他告訴希爾，關於魔術手法的書已經有好幾百本，而且有幾十個人跟他懂得一樣多。但他有兩樣東西，是很多人沒有的。一是薩斯頓能在舞臺上把他的個性展現出來。他是一個表演大師，了解人類的天性。他的所作所為，每一個手勢、每一個語氣、每一個眉毛上揚的動作，都事先仔細地預習過，而他的動作也配合得分毫不差。二是薩斯頓對別人真誠地感興趣。他告訴希爾，許多魔術師會看著觀眾，對自己說：「坐在底下的那些人是一群傻子，一群笨蛋，我可以把他們騙得團團轉。」但薩斯頓的方式完全不同。他每次一走上臺，就對自己說：「我很感激，因為這些人來看我的表演，他們使我能夠過一種很美好的生活。我要把他們當作朋友，並把我最高明的手法，表演給他們看。」

他宣稱，他沒有一次在走下臺時，不是一再地對自己說：「我愛我的觀眾，我愛我的觀眾。」希爾聽完後總結說，薩斯頓的成大事者的祕訣竟是如此簡單，那就是對他人感興趣，這就是一位有史以來最著名的魔術師所使用的祕訣。

敞開心扉歡迎別人

假如你害怕並討厭別人打擾，總是封閉自我，很容易產生這樣一個惡果：逐漸沒有人願意與你交往，即使你想要跟別人互動時，也沒有人願意靠近你。

小張剛到公司，他很想與大家保持好關係，但他卻總是在別人到他辦公桌前時，生怕別人動他的東西，生怕別人說話會噴口水，生怕別人……所以眼神躲躲閃閃，手足無措，別人感到他在小張面前不受歡迎，便漸漸地不來

17

打擾他，甚至有人在背後說他的壞話，說他這人不可結交，太高傲、太自私等，大大地冤枉了小張。

結果小張在這裡沒有一個好朋友，大家都不喜歡他。他感覺待著很彆扭，只好在年末選擇了辭職。

其實，只要在一開始就敞開心扉接納別人，歡迎別人，就不會發生這樣的事。

融洽的環境是自己創造的。沒有播種，怎來收穫？

不斷地提醒自己，很樂意接納別人，這種暗示的作用不可小瞧，因為它是一種心理上的鼓勵。當你從內心開始接納別人，那麼在與別人交往時便不會心存芥蒂，這樣更容易站到對方的立場上去考慮問題，也更容易為他人所接受。請想一想，你不習慣別人的方式，別人就習慣你的方式嗎？接納別人其實是要別人接納自己。

卡內基曾說過：只要真誠地關心對方，只花兩小時獲得的友情，比兩年時間所得到的總和要多得多。換言之，招人喜歡的祕訣就是 —— 自己先喜歡別人。成為對方的欣賞者，有助於雙方迅速達成共識。使對方對你產生好感，使雙方能互相理解，打成一片。

但接納與欣賞別人，並不是說要屈就別人。

屈就別人就是違心地與人接觸，委屈自己去順應別人。那麼，你所做的一切都是不情願的，不情願地與人接觸，只會越來越彆扭，這便成為禍根，等到以後爆發時，將一發不可收拾，而別人還以為你這人挑剔，故意找碴，因為在相處中他（她）已經習慣了，他以為你就是那種一切都聽命於別人的人。其實，在這個過程中，雙方都是受害者。

接納與欣賞別人，就是要關心他、愛護他、肯定他、賞識他，要尊重別人的生活習慣，對有些你難以接受的行為方式也要以恰當的方式提出來，從而彼此諒解並達成共識。這樣，別人就會知道你把他當朋友，而不是在與他

寒暄應付。那麼，你的人際交往的第一步就建立在融洽的基礎上，其後的發展便可想而知了。

▊做個傳播快樂的使者

讓自己快樂的最好辦法，就是傳播快樂。

—— 馬克‧吐溫（Mark Twain）

在西方，聖誕節可謂一個隆重而歡樂的節日。聖誕節裡的聖誕老人是必不可少的主角，他們打扮成可愛的老爺爺，帶得各式各樣的小禮物，向人們傳播著節日的快樂。聖誕老人是一個快樂的使者，因此他是如此受人歡迎與喜歡。

積極樂觀的人，他們的眼裡總是閃爍著愉快的光芒，他們總顯得歡快、達觀、朝氣蓬勃。他們的心中總是充滿陽光。當然，他們也會有精神痛苦、心煩意亂的時候，但是他們總是很坦然地接受這種痛苦，沒有抱怨，沒有憂傷，他們知道抱怨和詛咒都不如努力改變這種局面更有效，因此，他們更不會為此而浪費自己寶貴的精力，而是拾起生命道路上的花朵，奮勇前行。

有人把積極樂觀的人比喻成一股永不枯竭的清泉，有人把積極樂觀的人稱為蔚藍的天空。有人卻說積極樂觀的人如同一首永無止境的歡歌，它使人的靈魂得以寧靜，精力得以恢復。

積極樂觀的人，是傳播快樂的使者，他們使整個世界都絢麗多彩。在這種光彩之下，寒冷會變成溫暖；艱苦會變成舒適。無論在什麼時候，他們都能讓人感到光明、美麗和愉悅的生活就在身邊。這種個性使智慧更加熠熠生輝，使美麗更加迷人燦爛。而生活在光明、美麗、愉悅、智慧之中的人，其魅力又有誰能夠抗拒呢？

一位父親對即將遠行的年輕人說：「孩子，你將要遠行，將有一生的歲月

等你去走。我送你一句話帶在身邊：快樂如同香水。」

「要保持快樂，孩子。這是我們窮人唯一的奢侈，不要輕易丟掉快樂的習慣，否則我們將更加一無所有。」

「你要快樂，在每一個清晨或傍晚。學會傾聽萬物的語言，試著與你身邊的河流、山川、大地交談。在你經過的每一個山村，你要留下你的笑聲作為紀念，這樣當多年以後人們在談起你時，他們也會記得當年有一個多麼快樂的人從這裡經過。」

「快樂如同香水。你要把它們像情人的手帕一樣帶在身邊。無論你帶著多少行李，也不要把它扔到路邊的溝裡。即使你的鞋子掉了，腳上磨出了血，你也要緊緊地攥著快樂，不讓它離開半刻。」

「快樂如同香水，孩子，這是因為快樂能夠擴散。你要把你的快樂散播給身邊的每一個人，無論他是勞累的農夫還是生病的旅客，無論他是赤腳的孩子還是為米發愁的母親，你都要把快樂散播給他們，讓他們像鮮花一樣綻開笑臉。」

「孩子，在你經過的每個村莊，人們都會像親人一樣喜歡你、對待你，他們會給你甘甜的水，給你的行囊裡塞滿乾糧。那麼，你就給他們快樂吧，記住，快樂如同香水，它能獲得好感，並讓你在人們的心中活上好多年。」

為人夫者有丈夫的甜蜜和苦衷，為人妻者有妻子的幸福和辛酸，做父母的有父母的欣慰和艱辛，做兒女的有兒女的驕傲和委屈。從政者有官場上的得意和危機，經商者有商海的順利和風險，農耕者有田園的安逸和艱難，治學者有紙墨的雅趣和清貧。

一張笑臉，一個真摯的眼神，一句知心的話，都會給予他人以莫大慰藉，以融化他們心中的冰，鼓起生活的希望，增強生活的信心，讓漂泊在黑暗之中的心靈小舟找到停泊點。敞開你的心扉，用一顆快樂之心去擁抱生活，讓燦爛的笑顏蕩漾在青春的臉龐，在傳播快樂的同時，你必會收穫快樂。

祥林嫂的悲慘人生是令人同情的，然而她熱衷於傳播悲傷卻讓人感到厭惡。傳播快樂，是讓別人喜歡你的前提之一。

微笑是件最優雅的禮服

卡內基說過，笑容能照亮所有看到它的人，像穿過烏雲的太陽，帶給人們溫暖。行動比言語更具有力量，微笑所傳達的資訊是：我喜歡你，你使我快樂。我很高興見到你。

卡內基鼓勵成千上萬的商人，讓他們花一個星期的時間，每天幾個小時對別人微笑，然後再回來上班，談談所得的結果。情形如何呢？威廉‧史坦哈是好幾百人中的典型例子。

「我已經結婚 18 年多了，」史坦哈說：「在這段時間裡，從我早上起來，到我要上班的時候，我很少對我太太微笑，或對她說上幾句話。我是百老匯最悶悶不樂的人。」

「既然你要我以微笑的經驗發表一段談話，我就決定試一個星期看看。」

「現在，我要去上班的時候，就會對大樓的電梯管理員微笑著，說一聲『早安』；我用微笑跟大樓門口的警衛打招呼；我對地鐵的出納小姐微笑，當我跟她換零錢的時候；當我站在交易所時，我對那些以前從沒見過我微笑的人微笑。」

「我很快就發現，每一個人也對我報以微笑。我以一種愉悅的態度來對待那些滿肚子牢騷的人。我一面聽著他們的牢騷，一面微笑著，於是問題就容易解決了。我發現微笑帶給我更多的收人，每天都帶來更多的鈔票。」

「我跟另一位經紀人合用一間辦公室，他的職員之一是個很討人喜歡的年輕人，我告訴他最近我所學到的做人處世哲學，我很為所得到的結果而高興。他接著承認說，當我最初跟他共用辦公室的時候，他認為我是個非常不好打交道的人，直到最近他才改變看法。他說當我微笑的時候，我非常慈祥。」

　　一次，卡內基在紐約參加了一個宴會，其中一名賓客──一個獲得遺產的婦人，急於留給每個人一個良好的印象。她花費了好多金錢購置了黑貂皮大衣、鑽石和珍珠飾品。但是，她對自己的面孔，卻沒有下什麼工夫。她的表情尖酸、自私，她沒有發現在每一個人內心深處的看法：一個人面孔的表情，比她身上所穿的衣服更重要。

　　查爾斯·麥克爾·施瓦布（Charles M·Schwab）對卡內基說過，他的微笑價值一百萬美金。史考伯的性格幾乎是他卓越的全部原因。他的性格中，令人喜歡的一項因素是他那動人的微笑。

　　不真誠的微笑騙不了任何人。我們知道那種笑是機械式的，皮笑肉不笑最讓人厭惡。受人歡迎的是一種真正的微笑，一種令人心情溫暖的微笑，一種出自內心的微笑。這種微笑才能在市場上賣出好價錢。密西根大學的心理學家詹姆士·V·麥康諾（James Vernon McConnell）教授談他過去對微笑的看法時說：有笑容的人在管理、教導、推銷上較會有功效，更可以培養快樂的下一代。笑容比皺眉更能傳達你的心意，這就是在教學上要以鼓勵代替處罰的原因所在了。一個紐約大百貨公司的人事經理告訴我，他寧願雇傭一名有可愛笑容而沒有念完中學的女孩，而不願雇用一個擺著撲克臉的哲學博士。

　　微笑的影響是很大的，即使看不見它。遍布美國的電話公司有個專案叫「聲音的威力」，提供使用者電話來推銷他的產品和服務。在這個專案裡，電話公司建議你，在打電話時要保持笑容，但你的「笑容」是由聲音傳達。

　　不喜歡微笑怎麼辦呢？有兩種方法：第一，強迫自己微笑。如果是單獨一個人，強迫自己吹口哨，或哼一曲。表現出自己似乎已經很快樂，從行為上表現愉悅感。以下是已逝的哈佛大學的威廉·詹姆斯（William James）教授的說法：

　　「行動似乎是跟隨在感覺後面，但實際上行動和感覺是並肩而行的。行動在

意志的直接控制之下，而我們能夠間接地控制不在意志直接控制下的感覺。」

「因此，如果我們不愉快的話，主動變得愉快的方式是，愉快地坐起來，而且言行都好像是已經愉快起來……」

細讀這段賢明的忠告——但記住，細讀對你無濟於事，除非你實際運用它：

「每回你出門的時候，把下巴縮進來，頭抬得高高的，肺部充滿空氣；沐浴在陽光中；以微笑來招呼你的朋友們，每一次握手都使出力量。不要擔心被誤解，不要浪費一分鐘去想你的敵人。試著在心裡肯定你所喜歡做的是什麼；然後，在明確的方向之下，你會徑直地達到目標。心裡想著你所喜歡做的偉大而美好的事情，然後，當歲月消逝的時候，你會發現自己掌握了實現你的希望所需要的機會。正如珊瑚蟲從潮水中汲取所需要的物質一樣。在心中想像著那個你希望成為的有辦法的、誠懇的、有用的人，而你心中的思想也會隨之有所改變。每一個小時都會把你轉化為那個特殊的人的手段……思想是至高無上的。保持一種正確的人生觀——一種勇敢的、坦白的和愉快的態度。思想正確，就等於是創造。一切的事物，都來自於希望，而每一個誠懇的祈禱，都會由此實現。我們心裡想什麼，就會變成什麼。」

笑容就是友善的信差。你的笑容能照亮所有看到它的人。對那些整天都看到皺眉頭、愁容滿面、視若無睹的人來說，你的笑容就像穿過烏雲的太陽。尤其對那些受到上司、客戶、老師、父母或子女的壓力的人，一個笑容能幫助他們看到一切都是有希望的，也能替自己贏來好感。

對人微笑是一種禮貌的表現，它顯示出一種力量、涵養和暗示。一個剛剛學會微笑的中年上司說：「自從我開始堅持對同事微笑之後，起初大家非常迷惑、驚異，後來就是欣喜、讚許，兩個月來，我得到的快樂比過去一年中得到的滿足感與成就感還要多。現在，我已養成了微笑的習慣，而且我發現人人都對我微笑，過去冷若冰霜的，現在也熱情友好起來。上周，公司舉辦

投票，我幾乎獲得全票，這是我參加工作這麼多年來從未有過的！」

▌莫奢望成為「萬人迷」

並非每個人都能成為朋友，但任何人都能成為敵人。

—— 佚名

我們必須承認，每個人需要別人喜歡自己，認可自己。

可能有人會說：「我不介意人家是不是喜歡我。」可是仔細地觀察之後，就會發現他說的並不是實話。

心理學家威廉‧詹姆士說：「人類本性上最深的企圖之一是期望被欽佩、讚美、尊重。」渴望受人喜歡、受人尊敬，成為每個人喜愛結交的人，這是在我們內心中的一種基本願望。

對一群中學生提出這麼一個問題來進行測驗：「什麼是你最殷切的期望？」測驗的結果，絕大多數的學生說，他們希望能被大家所喜歡。得人心，受尊重，天下人人皆有此心。確實，誰不希望被別人想念著、關切著，甚至被愛慕著？

不過，無論你能深孚眾望到什麼程度，要讓每一個人都喜歡你，那是絕對不可能的。人類的本性上有著一種奇癖，有一些人就是不喜歡某些。在牛津大學的一個牆頭，寫著這麼一首四行詩：

「我不愛你，費爾博士，
為什麼？我也說不出理由來。
但是，這一點我很清楚，
我不愛你，費爾博士。」

這首詩有些微妙，作者不喜歡的費爾博士是一位很可親近的人，如果作者對費爾博士認識或了解得更多點，他或許會喜歡他，偏偏那可憐的博士在

這四行詩作者的眼裡就是那麼不得人心。這可能只是因為博士缺乏一種令作者親近的和睦氣質，這是很重要的氣質，這氣質決定著某一群體與這個人之間的親近與否。

在聖經中也有關於這種人類天性上不愉快事實的記載。如《羅馬書》第12章第18節所載：「若是能行，總要盡力向眾人和睦。」又如《路加福音》第9章第5節也曾說：「凡不接待你們的城市在離開那城的時候，要把腳上的塵土踩下去，見證他們的不是。」這就是說要有點自知之明，不要覺得人人都喜歡你。當你遇到對你沒有好感的人，最好順其自然，不必過分強求。

不要奢望自己成為「萬人迷」。蘿蔔白菜，各有所愛，即使你是一個完美無缺的人，也無法保證人人喜歡你，何況這世人並不存在完美的人。那些奢望成為「萬人迷」的人，為了取悅不同的人而不斷地委屈自己、迎合他人，在變來變去中迷失了自己。丟失自己本色的人，連得到旁人的尊重都難，談何喜歡？

▎智慧錦囊：怎樣使陌生人悅服

千萬朋友不嫌多，一個敵人常相逢。

—— 阿里（Muhammad Ali）

與人交往，第一印象很重要。人們往往僅憑最初的印象，就會決定是否有與之再次交往的必要。若在與人初次交往就給對方一個好的印象，使初交者心悅誠服，則贏得喜歡的道路猶如水到渠成了。

在一次筵席之上，羅斯福看見席間坐著許多他不認識的人。雖然這些人是認得羅斯福的，不過因為他們與羅斯福的地位不同，所以他們並不因為羅斯福的地位高而獻殷勤。那時的羅斯福剛從非洲回來，是在預備總統大選的第一次決定性的旅行途中。

羅斯福見筵席上這些初次見面的人對他並沒有表示友好的意思，於是立即想出一個計畫。

盧思沃特博士當時也是席上的客人，正好坐在羅斯福旁邊，據他後來說：「當我把席間的客人彼此介紹過之後，羅斯福湊近我的耳邊悄悄說：『盧思沃特，請把坐在我對面那些客人的情況介紹一下好嗎？』於是我把每個人性情特點大略告訴了他。」

於是羅斯福就準備對那些他不認識的人表示友好了。他這時已經了解他們每個人的喜好、職業等。

從這則逸事我們不難看出羅斯福的交際手腕有多麼高超。為了要認識這些不熟悉的人，羅斯福不得不預先打聽他們的情況，這樣他的談話才能夠引起他們的興趣。於是每一個人在不知不覺中感到滿意，並對他產生了美好的印象。

羅斯福這種策略帶來的益處是很大的，後來他成功當選了總統。著名記者曾說：「在每一個人進來謁見羅斯福之前，關於他的一切情形，羅斯福早已打聽好了。」

最簡單的方法就是對那些與他人有密切關係的事情或他們自己特別感興趣的事情表示誠心的尊崇。偉大的領袖人物常常運用這些最重要的方法來贏得人心。但是，人與人之間是各不相同的，所以也應用不同的方法應對他們。

我們應該明白，人與人之間的不同點存在於他們各自不同的興趣之中。明白了這一點，只要我們留心觀察是很容易發現的。因為形成個人興趣的事情，不外乎人們所說過的話、做過的事、個人的習慣、癖好以及立場、觀點、態度，這一切是逃不出我們的眼睛的。

曾經有人把我們的生活範圍即活動環境稱之為「人生遊樂場」。大人物

大部分成功因素是把許多不認識的人變為新朋友，皆由他能夠在會晤別人的時候，把自己加入在「遊樂場」裡，接觸到每個人不同的興趣。

查理在剛做美國鋼鐵公司總裁時，就遇到一個很困難的問題。他的同事非但不擁戴他，反而事事採取與他不合作的態度，使他在業務方面竟無從著手。他覺得必須研究同事們不歡迎他的理由並培養起雙方的友誼，然後才能得到他們的合作，使業務得以拓展。

這位著名的工業領袖究竟怎樣解決這個難題呢？美國著名心理學家史科特說：「在查理寫給朋友的業務信中，常常插一些私人談話進去。他總是在信中寫一兩行收信人感興趣的事情，或其家人朋友給他的印象，或他們上一次晤談的情形。」

這種使別人感覺到你在關心對方的方法其實是很簡單的，可是它的效果卻往往是驚人的。

第二章　真誠守信　言行合一

▌以誠心換真心

一個人只要真誠，總能打動人，即使大家一時不了解，日後便會了解
的。

—— 傅雷

真誠的人不加修飾，由內而外散發的美，是最光彩奪目的、招人喜歡的
美。而真誠的反面是虛偽，自欺欺人。靠戴面具過日子、虛偽矯飾的人一生
都在演戲，給人留下虛偽、善於諂媚的形象，自己也會因此喪失心靈的本
性，忍受心理上的折磨。

一個人說話誠實、做事踏實、內心真誠，就會令人信服，故真誠可以消
除隔閡，化解矛盾，促進人際關係的和諧團結。古人有「精誠所至，金石為
開」的格言，這是說精誠的力量可以貫穿金石，何況人心呢？

今天，我們仍然要實行真誠待人的原則。上級要以誠對待部屬，父母要
以誠對待子女，企業經營者要以誠對待顧客，每一個人都要以誠對待同事和
朋友……以誠待人，才能得到友誼和真情，才能得到別人的信任、尊敬與認
可。人際交往如果離開真誠的原則，互相欺騙，爾虞我詐，那麼，人世間便
不會有真情之誼，更不會有團結緊密的人際關係了。

真誠的低層次要求是不說謊，不欺騙對方，但在複雜的社會和人生中，
目的和手段有時是有一定的區別的。例如醫生為了減輕病人的痛苦，以利於
治病救人，往往向病人隱瞞病情，說一些善意的謊話，這樣才能使病人早日
康復。它表現出的並不是虛偽，而是更高、更深層的真誠。

無論什麼情形下，交際都需要真誠。日本山一證券公司的創始人、大企
業家小池田子曾說：「做人就像做生意一樣，第一要訣就是誠實。誠實就像樹
木的根，如果沒有根，樹木就別想有生命了。」由此可以看出真誠的重要性。

　　小池出身貧寒，二十歲時就替一家機器公司當推銷員。有一個時期，他推銷機器非常順利，半個月內就跟三十三位顧客完成交易。之後，他發現他們賣的機器比別的公司生產的同樣性能的機器昂貴。他想，與他簽約的客戶如果知道了，一定會對他的信用產生懷疑。於是深感不安的小池立即帶著合約和訂金，整整花了三天的時間去拜訪客戶。然後老老實實向客戶說明，他所賣的機器比別家的機器昂貴，為此請他們放棄合約。

　　這種真誠的做法使每位客戶都深受感動。結果三十三人中沒有一個與小池解除契約，反而加深了對小池的信賴和敬佩。

　　真誠確實具有驚人的魅力，它像磁石一般具有強大的吸引力。其後，人們就像小鐵片被磁石吸引似的，紛紛前來他的店購買東西或向他訂購機器，沒多久，小池就成了一個眾所周知的誠信商人。

　　翻譯家傅雷說：「一個人只要真誠，總能打動人的，即使人家一時不了解，日後便會了解的。」他還說：「我一生做事，總是第一坦白，第二坦白，第三還是坦白。繞圈子，躲躲閃閃，反而容易讓人起疑心；你耍手段，倒不如光明正大、實話實說，只要態度誠懇、謙卑、恭敬，無論如何人家都不會對你怎麼樣的。」以誠待人是值得信賴的人們之間的心靈之橋，透過這座橋，人們打開了心靈的大門，肩並肩，合作共事。自己真誠實在、敞開心扉給人看，對方肯定會感到你信任他，從而卸下防備，將你當作知心朋友，樂意向你訴說一切。其實，每個人的心靈深處都有封閉的一面和開放的一面，人們往往希望獲得他人的理解和信任。然而，大多數人都只向自己信得過的人開放。以誠待人，能夠獲得他人的信任，發現一個開放的心靈，爭取到用全部身心幫助自己的朋友。在人們發展人際關係與他人打交道的過程中，如果防備猜疑被誠信取代，往往能獲得出乎意料的好成績。

▌真誠並非口無遮攔

行善者叩擊門環，仁愛者卻發現門已開啟。

—— 泰戈爾（Rabindranath Tagore）

舞蹈家鄧肯（Isadora Duncan）是十九世紀最富傳奇色彩的女性，熱情浪漫外加叛逆的個性，使她成為反對傳統婚姻和傳統舞蹈的前衛人物。她小時候更是直白，說出來的話常常坦率得令聽者感到尷尬。

有一年耶誕節，學校舉行慶祝活動，老師一邊分糖果、蛋糕，一邊說著：「看啊，小朋友們，聖誕老公公給你們帶來了什麼禮物？」

鄧肯馬上站起來，嚴肅地說：「世界上根本沒有聖誕老公公。」

老師雖然很生氣，但還是壓抑住心中的怒火，改口說：「相信聖誕老公公的乖女孩才能得到糖果。」

「我才不稀罕糖果。」鄧肯回答。

老師勃然大怒，處罰鄧肯坐到前面的地板上。

鄧肯的回答沒有錯，只是年幼的她還不知道，真誠並不是有什麼說什麼。

人無論處於何種地位、何種情況下，都喜歡聽好話，喜歡受到別人的讚揚。的確，做工作很辛苦，能力也有高有低，但畢竟是盡了自己的一份力量，當然希望自己的努力得到他人和社會的承認，這也是人之常情。

會為人處世的人，必然知道如何避其鋒芒，即使有做得不妥的時候，也不會直言相對。生性油滑、善於見風轉舵的人，則會阿諛奉承，拍拍馬屁。這兩者還是有區別的。

有些正直的人，任何時候都實話實說，這就讓人覺得太過莽撞、鋒芒畢露了。有鋒芒也有魄力，在特定的場合顯示一下自己的鋒芒是很有必要的，但是如果太過，不僅會刺傷別人，也會傷了自己。

在這裡為大家介紹一些表現真誠的技巧。

- 表達看法、要求或建議時，說話速度慢一點，容易給人誠實的印象。如果語速過快，則易讓人產生輕浮的印象。
- 有十足理由的建議或要求時，若能以商量的口氣說，就會較容易讓人相信和接受。
- 與人交談時，上半身往前傾斜，可表現出你強烈關心交談者和他所談的事。
- 認真時，有認真的表情；可以笑時，則盡量去笑，這樣做會給人感覺良好的印象。
- 與客人、朋友、同事握手，一定得比正常距離更近一些，這樣能夠表現出你的友好和熱情。
- 無論是交際或私情，工作之餘，凡是和上司一起相處在開放式的環境中，翌日早晨都應該規規矩矩地上班，而且要比上司更早開始工作。因為這種做法可讓上司知道自己是個公私分明、講究原則的人，因而加強了對你的信賴感。
- 恪守在談笑間所訂的諾言，可增加對方認為你很誠實的印象。
- 以手勢配合講話，比較容易把自己的熱情傳達給對方。

　　另外值得一提的是，在日常生活中，人們對事物的看法都屬見仁見智，本無所謂對錯。如個人的衣食住行、穿衣戴帽、興趣愛好等。許多自認為「有話直說」、「想到什麼說什麼」、「個性直接」的人，其實是簡單地用自己的觀念和習慣去衡量別人的態度與行為，一遇到不對自己胃口的事就立刻去指責別人，實際上這並不是對他人善意的真誠，只是自我不悅情緒的隨意宣洩。

　　同樣一個意思，不同的人有不同的說法，不同的說法也會產生不同的效果。

在與人交流時，千萬不要以為內心真誠便可以不拘言語，我們還要學會委婉、藝術地表達自己的想法。一句話到底應該怎麼說，其實很簡單，只要設身處地從他人的角度來考慮。

▌誠信如寶石般珍貴

誠信是道德桂冠上的藍寶石。

—— 佚名

誠信乃做人之本，這是許多成功人士恪守的人生準則。一個講誠信的人，在他事業的發展上還會一帆風順，人生也將會亮麗多姿。

人生積極向上的基礎是誠、敬、信、行。誠是構成華人人文精神的特質，也是華人倫理哲學的象徵。誠是率真心、真情感，是擇善固執，是用理智抉擇真理，以達到不疑之地。不疑才能斷惑，所謂「不誠無物」就是這個道理。而「信」則是指智信，不是迷信、輕信，這種信依賴智慧的抉擇到達不疑，並且堅定地實踐。一個不講誠信的人，「講話無人信，喝酒無人敬」，在這個人與人互動互助更加密切的今天，要想獲得事業、愛情、友誼的成功是很困難的。

孔子講「民無信不立」；孟子說「言而有信，人無信而不交」。孔子所說的「信」，即為誠信，就是提倡人要說真話，道實情，守信用，說話算話。在我們華人博大精深的文化底蘊中，「誠信」二字的分量可謂沉甸甸的。因為講誠信，劉備實現了自己的目標，「我得軍師，如魚之得水也」。他充分信任、重用諸葛亮，最終成就了一番事業。同樣因為講誠信，諸葛亮知恩圖報，輔助後主，力保蜀漢政權，鞠躬盡瘁，死而後已。還是因為講誠信，關羽銘記「桃園結義」的誓言，「身在曹營心在漢」、「千里走單騎」，歷經千辛萬苦也要回到劉備身邊。人們崇拜諸葛亮、敬仰關羽，就是崇拜、敬仰

他們這種誠信的可貴品格。

　　無論在哪個時代，人都不能離群索居。人和人之間要有順暢的交流、溝通，彼此尋求寄託與撫慰，這是對個體存在的認證，更是對生存狀態的肯定。而彼此認同的產生其實就是一個彼此信任、互相接納、多元包容的過程。作為社會的最小個體存在，我們不能要求別人重守承諾，但我們自己卻要做到真誠守信。華人乃禮儀之邦，向來都是重信守諾，是講信用的民族。在傳統社會裡，我們的倫理道德觀念中，「信用」的核心是強調對事業的忠誠、對朋友的信義、對愛人的忠貞以及做事踏實等。在市場經濟條件下，「信用」指的是一個人的誠信紀錄，是指一個人的負責任的能力，不只是簡單的道德人品問題。信用是一個人內在氣質的綜合反映，是衡量一個人綜合品格的重要指標，是一個人發展的必備品德。

　　誠信是一種情感的表達。無論是夫妻、朋友還是同事甚至是陌生人，良好的溝通與交流講求的都是真情流露，這是建立在真誠表達、無欲無求的基礎之上的。現在，社會越來越開放，人際交往越來越頻繁，要獲得別人的情感認同，不斷取得信任，就應該「己所不欲，勿施於人」、「己欲立而立人」，從小事做起，友善待人。要知道，無論時代怎麼變，為人處世的基本準則不會變，也不能變。

　　三國時，蜀漢建興九年，諸葛亮用木牛流馬運輸軍糧，再出兵祁山（今甘肅禮縣東北祁山堡）第四次攻魏。魏明帝曹睿親自到長安指揮戰鬥，命令司馬懿統帥費曜、戴凌、郭淮諸將領，征費曜、戴凌二將屯紮，自己率大軍直奔祁山。面對著兵多將廣、來勢凶猛的魏軍，諸葛亮不敢輕敵，於是命令部隊占據山險要塞，嚴陣以待。魏蜀兩軍，旌旗在望，鼓角相聞，戰鬥隨時可能發生。在這緊要時刻，蜀軍中有八萬人服役期滿，已由新兵接替，正整裝待返故鄉。魏軍中有三十多萬，兵力眾多，連營數里。蜀軍會在這八萬老兵離開後更顯單薄。眾將領都為此感到憂慮。這些整裝待歸的戰士也在憂慮，生怕盼望已久的

回鄉願望無法立即實現，估計要到這場戰爭結束方能回去了。

於是不少蜀軍將領進言希望留下這八萬兵，延期一個月，等打完這一仗再走。諸葛亮斷然拒絕道：「統帥三軍必須以絕對守信為本，我豈能以一時之需，而失信於軍民。」諸葛亮停了停，又道：「何況遠征的兵士早已歸心似箭，家中的父母妻兒終日倚門而望，盼望著他們早日歸家團聚。」遂下令各部，催促兵士登程。此令一下，所有準備還鄉之人在意外的同時更是欣喜異常，感激得涕淚縱橫，紛紛說丞相待他們恩重如山，要求留下參加戰鬥。那些在伍的士兵也受到極大的鼓舞，士氣高昂、摩拳擦掌，準備痛殲魏軍。

諸葛亮在緊要關頭不改原令，使還鄉的命令變成了戰鬥的動員令。蜀軍人人奮勇，個個爭先，魏軍大敗，司馬懿被迫引軍撤退。犒勞三軍之時，諸葛亮尤其褒獎了那些放棄回鄉、主動參戰的士兵。蜀營中一片歡騰。

諸葛亮取信於士兵，寧使自己一時為難，也要對士兵、百姓講誠信。一次欺瞞行為可能會解決暫時的危機，但是這背後所隱藏的災難比危機本身更危險，對此，諸葛亮深為了解。

孟子在回答公孫丑問到什麼是知言時指出：偏激的言辭，我知道它的片面性；淫說亂語，我知道它的所指；奸邪的話，我知道它的惡意所在；吞吞吐吐之言，我知道它迴避的是什麼。這就是說，片面、失誤、歪邪、理屈這四種過失都與人性的偏激、淫蕩、奸邪、躲躲閃閃四種本性有關。因為人的言語是出自於人的思想，從他言語的錯誤便可知他思想的錯誤。並且內心的真誠乃至虛偽，尚不可蒙蔽於人，更何況昧著無理之心去欺騙上天呢？

由此看來，誠信對於做人是極為重要的。欺瞞之心，時間長了，人們認清了它的本來面目，就會鄙視它、蔑視它、疏遠它。

一諾千金，言出必行

得黃金百，不如得季布一諾。

—— 《史記·季布欒布列傳》

謠漢初年，在楚地有一個叫季布的人，他為人正直，樂於助人，特別講信義。只要是他答應過的事，無論有多麼困難，他一定要想方設法辦到，所以在當時名聲很好。楚地有句俗語，叫做「得黃金百兩，不如得季布一諾」。

所謂一諾千金，是指對許諾一定要承擔兌現。答應了別人的事情，對方自然會指望你，一旦別人發現你開的是「空頭支票」，說話不算話，就會產生強烈的反感。「空頭支票」不但會給別人添麻煩，也會使自己名譽受損。對別人委託自己的事情要盡心盡力地去做，但不要許諾自己根本力所不及的事情。美國前總統華盛頓（George Washington）曾說過：「一定要信守諾言，不要去做力所不及的事情。」他告誡人們，因承擔一些力所不及的工作或為嘩眾取寵而輕諾別人，結果卻使自己不能如約履行，很容易失去信用。

東漢時，汝南郡的張劭和山陽郡的范式同在京城洛陽讀書。學業結束，他們分別的時候，張劭站在路口，望著長空的大雁說：「今日一別，不知何年才能見面……」說著，流下淚來。范式拉著張劭的手，勸解道：「兄弟，不要傷悲。兩年後的秋天，我一定去你家拜望老人，同你聚會。」

落葉蕭蕭，籬菊怒放，這正是兩年後的秋天。這樣張劭突然聽見長空一聲雁叫，牽動了情思，不由自言自語地說：「他快來了。」說完趕緊回到屋裡，對母親說：「娘，剛才我聽見長空雁叫，范式快來了，我們準備準備吧！」「傻孩子，山陽郡離這裡一千多里，范式怎麼來呢？」張母不相信，搖頭嘆息：「一千多里路啊！」張劭說：「范式為人正直、誠懇、極守信用，不會不來。」張母只好說：「好好，他會來，我去打點酒。」其實，老人並不是不相信，只是怕兒子傷心，安慰兒子而已。

約定的日期到了，范式果然風塵僕僕地趕來了。舊友重逢，親熱異常。張母激動地站在一旁直抹眼淚，感嘆地說：「天下真有這麼講信用的朋友！」范式重信守諾的故事一直被後人傳為佳話。

講信用，守信義，是立身處世之道，是一種高尚的品格和情操，它既是對他人的尊敬，也是對自己的尊重。

講信用是忠誠的外在表現。人離不開交往，交往離不開信用。「小信成則大信立」，治國也好，理家也好，做生意也好，都需要講信用。一個講信用的人，能夠言行一致，表裡如一，人們可以根據他的言論去判斷他的行為值不值得往來。如果一個人不講信用，說話前後矛盾，做事言行不一，人們無法判斷他的行為動向，對於這種人是無法進行正常往來的，更談不上招人喜歡。守信是取信於人的第一要素，坦誠是守信的基礎，也是取信於人的方法。招人喜歡的人，是守信的人、誠實的人、靠得住的人。

諾言能否兌現得了，不只決定於主觀的努力，還有一個客觀條件的因素。有些照正常的情況是可以辦到的事，後來因為客觀條件起了變化，一時辦不到，這是常有的事。我們在工作和生活中要取得誠信，不要輕率許諾，給自己留一定的餘地。當然，這種留有餘地是為了不使對方從希望的高峰墜入失望的深谷，而並不是給自己不作努力埋下契機。

在日常交往中，時常出現一些並非出自本意的客套話，而人們對於這些社交詞令也往往不加重視。

比方說，當一群人在談論戲劇時，你可能會聽到這樣的對話：「我非常喜歡戲劇，尤其是刻畫現代人生活點滴的戲。」

「原來你喜歡那種類型的戲呀！真巧，我認識一位劇場經理，他們的劇場最近要推出你欣賞的戲種，這樣吧！改天我幫你要一張門票。」

這是極典型的雙方均不認真的社交會話。如果說這是約定，倒不如說它是談話時的潤滑劑。

如果有一天，當你與客戶談到泰國的椰子很有名時，你說出此話的原因，當然不是在暗示他你想要吃椰子，而只是將名產列入話題罷了。因此，在聽到這位客戶說「正好下周我去泰國，到時候我帶來兩個送給你」後，你自然擺出一副煞有介事的模樣，回應「好啊！」實際上，你從未將此話當真。

但令你吃驚的是，一星期後你收到了這位客戶送來的椰子！想不到在世界上竟然還有如此老實憨厚的人。也許就是這一次，會讓你喜歡上這位可愛的客戶。

所以，在交往中如實地履行自己所作的「聊天」承諾，必能打動對方的心。

然而，或許有人會認為自己與對方的態度不同，不必如此認真地履行承諾。不過，就因為對方的不當真，而你卻以認真的態度面對所做的「約定」，這樣產生的效果才會更大。換言之，對方對你這種履行諾言的誠信行為，引發出的喜悅及讚賞會隨著吃驚程度而成正比增加。

認真地履行自己所作的「改天我……」的承諾，不管是進行情感投資，還是讓他人愉悅舒坦，都不失為一個妙策。

現在很多年輕人在面對自己曾許下的諾言時，常以馬虎輕率的心態處理。

比如說，有人逢人便說「改天我們去吃個飯吧」或「改天我們去喝杯咖啡」，卻從不實踐諾言。實際上，這種社交方法的效果會適得其反。

在表面，對方也會因場面的關係而應聲附和，但在私底下卻對你經常開「空頭支票」，而產生極大反感，對你的信賴更是逐漸降低。

曾子殺豬取信說的就是這樣一個故事。一天，曾參的妻子上街，兒子哭著要跟著去，妻子哄他說「你在家裡等著，媽媽回來殺豬給你吃！」兒子信以為真，不哭鬧了。妻子從街市回家，只見曾參正拿著繩子在捆豬，旁邊放

著一把雪亮的尖刀。妻子趕上去說：「我剛才是哄孩子，你怎麼當真呢？」曾參嚴肅而認真地說：「那可不行，當父母的不能欺騙孩子。如果父母說話不算數，孩子小不懂事，就會跟著學，這樣就起了教孩子說假話騙人的作用，那就太不好了。」妻子為難地說「那可怎麼是好？」曾參果斷地說：「就照你說的辦吧！這叫『言必信，行必果』。」

　　有的人面對別人的請求時，雖然心裡很想拒絕，但是又覺得拒絕了對方，便是傷害對方的自尊心，或是擔心被指責為不講義氣，所以就違心地答應下來，隨後又懊惱不已，因為不能夠實現，往往失信；有的人好輕易許諾，以顯熱情，但又沒有足夠的能力兌現諾言，也往往失信；有的人事到臨頭或興奮時刻，慨然應允給別人某件物品，以示慷慨，可冷靜之後，又十分捨不得，後悔莫及，結果還是失信；有的人對於自己根本辦不到的事，也拍胸脯，打包票，事後總不能兌現，時時失信。做人要以嚴格守信為先，既然許諾他人，就要竭盡全力去實現，既使最後結果不盡人意，也努力去實行過自己的承諾。

　　所以，是否對他人許諾要根據自己的實際情況來決定，當自己無能為力或心裡不願給予或是難以給予的時候，我們應保持緘默，或者誠實地說一聲「不」、「對不起」。在回絕的時候應做到友好、輕鬆、誠懇，因為這樣的拒絕並非惡意，別人會理解你的苦衷並給予體諒的。

　　信譽許諾是非常嚴肅的事情，對不應辦或辦不到的事，千萬不能輕率應允。一旦許諾，就要千方百計去兌現。否則，就會像老子所說的樣：「輕諾必寡信，多易必多難」，一個人如果經常失信，一方面會破壞他本人的形象，另一方面還將影響他本人的事業。

智慧錦囊：白金法則

別人希望你怎麼對待他們，你就怎樣對待他們。

—— 《白金定律》

　　美國最有影響的演說家和最受歡迎的商業廣播講座撰稿人東尼·亞歷山大（Tony Alessandra）博士與人力資源顧問、訓練專家邁克爾·J·奧康納（Michael J. O'Connor）博士在他們合作的《白金定律》中，向人們展示了一項最新的研究成果：「白金定律」—— 別人希望你怎麼對待他們，你就怎麼對待他們。

　　柯維指出「你希望別人怎麼待你，你就怎麼待別人」是一條「黃金定律」。「白金定律」是在本著尊重「黃金定律」的主旨的原則下，對這一古老信條進行的修正。對於 21 世紀的管理者來說，要使自己與組織立於不敗之地，或有助於改善人際關係，其關鍵和訣竅就在於遵循「白金定律」，別人希望你怎麼對待他們，你就怎麼對待他們。

　　簡單地說，就是學會真正了解別人，然後以他們認為最好的方式來對待他們，而不是我們中意的方式。這一點意味著要善於花些時間去觀察和分析我們身邊的人，然後調整我們自己的行為，以便讓他們覺得更舒心和自在。它還意味著要運用我們的知識和才能去使別人過得輕鬆、舒暢，這才是「白金定律」的精髓所在。所以，「白金定律」並不是游離於「黃金定律」之外獨樹一幟的東西，相反，它可以稱為是後者的一個更新的、更富有人情味的版本。與「黃金定律」相比，「白金定律」更進了一步。

　　在今天高度競爭和變化無常的環境裡，以一廂情願的方式去對待服務對象、合作夥伴和下屬顯然是遠遠不夠的。你還應該去了解他們的需求 —— 而且有能力滿足他們某些物質和精神的需求才行。你的成功很大程度上取決於你如何應對他們的個人需要。

　　現代人必須有能力根據不同人的個性品格類型的特徵，用「白金定律」相應地去迎合不同類型的不同需要，投其所好，在雙贏策略中獲取最大的成功。

　　事實上，「白金定律」在工作及生活中的任何人際關係問題上都能助你一臂之力，這其中還包括以下幾方面。

· 準確判斷對方的品格類型。

· 預見對方的行為，從而預先調整自己的行為來順應他，以取得盡可能好的結果。

· 把彼此有親和力、有合作潛力的人聚在一起，形成有效率的工作團隊，穩定的員工隊伍，出色的公司與組織 —— 利益共同體。

· 化解衝突和矛盾，從而激發工作熱情，提高員工的能力，增強組織效能。

　　「白金定律」是心理學理論和社會實踐經驗的總結，是照亮 21 世紀知識經濟社會裡的人際關係的一座燈塔，是打開人生凱旋之門的一把金鑰匙。

第三章　謙虛謹慎　自律自制

▋謙遜是藏於土中甜美的根

謙遜是藏於土中甜美的根，所有崇高的美德由此發芽滋長。

—— 蘇格拉底

謙遜的人恪守的是一種平衡關係，使周圍的人在對自己在認同上達到一種心理上的平衡，讓別人不感到低下和失落。非但如此，有時還能讓別人感到高貴，感到有自信，讓別人產生任何人都希望能獲得的所謂優越感。

所以，謙遜的人不會受到別人的排斥，同時也易得到社會和群體的接納和喜歡。

湯瑪斯·傑佛遜（Thomas Jefferson）是美國第三任總統。1785 年他曾擔任駐法大使。一天，他去法國外交部長的公寓拜訪。

「您代替了富蘭克林先生？」外長問。

「是接替他，沒有人能夠代替得了他。」傑佛遜回答說。

傑佛遜的謙遜給世人留下了深刻印象。謙遜的目的，並不是讓我們覺得自己渺小，而是以我們的權力來了解自己以及對於宇宙的貢獻。除了傑佛遜，愛因斯坦和甘地等偉人，都是謙遜為懷者。當然，他們並不自卑。他們對自己的知識，服務人群的目標，使世界更趨美好的欲望，都充滿了自信心。

謙遜並非自我否定，而是自我肯定，實現我們為人的正直與尊嚴。謙遜是成功與失敗的融合。我們對於過去的失敗有所警惕，對於現在的成功有所感慨，但不能讓成敗支配自己。謙遜具有平衡作用，不讓我們超於自己，也不讓我們劣於自己；它不是讓我們高人一等或屈居人下。謙遜即是寧靜，使我們不受往日失敗的拖累，也不致因今日的成功而自大。謙遜是情緒的調節器，使我們保持自我本色，青春常駐。

謙遜具有下列 8 種「成分」。

- **誠懇**：誠以待已，誠以待人。
- **了解**：了解自己所需，了解他人所需。
- **知識**：悉知自我的本色，不必模仿他人。
- **能力**：增進聆聽與學習的能力。
- **正直**：建立自我的內在價值感，忠於這份感覺。
- **滿足**：經由了解建立心靈的平和，不需小題大做。
- **渴望**：尋求新境界、新目標，並且付諸實行。
- **成熟**：成熟是彩虹盡頭的黃金，因成熟而了解謙遜，因謙遜而獲得成功。

謙遜並不表示謙卑，它卻是快樂的泉源。或許，英國小說家詹姆斯·巴里（James Matthew Barrie）的話最為中肯：「生活，即是不斷地學習謙遜。」

不要故意賣弄學問

有個偉人曾指出：「學識很豐富，卻缺乏正確的判斷力，很可能被人貶為一文不值，背地裡被人貶為『俗不可耐』、『假道學』等。雖然你已經擁有了一些學識，為了避免到時受人批評，避免落入一般人都容易落入的圈套，不妨從現在就開始注意這一點！」

真正的智慧總是與謙虛相連，真正的哲人必然像大海一樣寬厚。一個人只有了解得越多，他才會認識到自己知道得越少。有個學生認為自己已「學有所成」，去向老師辭行，這位老師深知這位學生的底細，看著這位「學有所成」的學生，這位先生慨然道：「事實上，我自己才剛剛入門。」

一瓶水不響，半瓶水響叮噹。淺薄的人總以為天上地下無所不知，而富有智慧的哲人深感學海無涯，唯勤是岸。牛頓曾有感於此，他說自己只不過是一個在大海邊拾到幾個貝殼的孩子，而真理的大海他還未曾接觸。

　　過於自大的人，由於對知識過於自信，多半不容易接受別人的意見。不僅如此，他們往往強迫別人接受自己的判斷，或擅自做決定。一旦這麼做，將會導致什麼後果呢？被壓制的人，會覺得受到侮辱、傷害，而不會心甘情願地聽從。他們可能會憤怒、反抗。更嚴重的，也許會訴諸法律。

　　為避免上述情況，隨著知識量的增加，必須要更加謙虛。即使談到自己有把握的事，也不要太狂妄自大。陳述自己的意見時，切勿太過果斷。若想說服別人，就先仔細傾聽對方的意見。這種程度的謙虛，是不可或缺的，故意賣弄學問只會落入俗套，讓人厭煩，用和周圍的人同樣的方式說話才是明智之舉。不要刻意修飾措辭，只要純粹地表達內容即可。絕對不可刻意讓自己顯得比周圍的人更偉大或更有學問。

　　知識恰似懷錶，只要悄悄地放在口袋裡就好。沒有必要為了炫耀而從口袋中取出來，也不必主動告訴別人時間。若有人問時間，只要回答那個時間即可，因為你並不是時間的守護者，所以假如別人不問，也不必主動告知。

　　學問，好似不可缺少的有用裝飾品。如果你身上少了這樣東西，想必會覺得很丟臉。不過，為了避免犯下前述的過錯而招致誹謗，則必須十分謹慎。

　　中古時期的某宗教家曾說：「對成功不以為意的謙虛者，非常了不起。」勝不驕，敗不餒才值得推崇。強調每分每秒都要積極地生活，予己快樂，並與他人分享。

　　謙虛的相反詞是浮誇和虛榮。浮誇和虛榮會腐蝕人性，但幾乎沒有人逃過它們的誘惑。

　　有虛榮之念，易生自滿之心，在虛榮自滿的憧憬裡，以為自己功成名就，事實上離成功還遠得多。在自築的象牙塔內，故作姿態，想引起注意，但就像在大理石上搔癢一樣，不發生任何作用，等你明白事情真理後，則變得討厭自己。

　　虛榮浮誇除了帶來失敗之外，一無是處，只是在玩一場註定失敗的遊戲。加入夜郎自大俱樂部以前，最好多加考慮。虛榮浮誇將使你成為必輸無疑、不能鬆弛的暴君。

　　要避免虛榮應謹記：勿苛求自己，勿強調成功。做自己的好朋友，定會成為別人的好朋友，誠如宗教家所言：「對自己的光榮絲毫不引以為傲，你就是真正的不凡。」

▌驕傲自大釀悲劇

> 滿招損，謙受益。
>
> —— 《尚書》

　　心態不端正，很容易使自己處於各種各樣的危險中，驕傲自大是最可怕的一種。處境卑微自然不幸，但卻沒有太大的危險，趴在地上的人是不會被摔死的。最可怕的情境是身處險峰而高視闊步，只顧及眼前。這正是人們驕傲時的典型情境。

　　其實，只要腳下的某塊石頭一鬆動，就有墜入深淵的危險，而那些不可一世的人們卻全然不覺，兀自陶醉「一覽眾山小」的壯景豪情中。殊不知正是這種時候，腳下的石頭是最容易鬆動的。

　　古往今來，一個「傲」字毀了多少蓋世英雄。

　　三國時候，有個叫禰衡的人，很有文才，在社會上很有名氣，但是，他恃才傲物，除了自己，任何人都不放在眼裡。容不得別人，別人自然也容不得他。所以，他「以傲殺身」，被殺於黃祖。

　　禰衡所處的時代，各類人才極多，但他目中無人，經常說除了孔融和楊脩，「餘子碌碌，莫足數也」。即使是對孔融和楊脩，他也不以尊重。禰衡二十歲的時候，孔融已經四十歲了，他卻常常稱他們為「大兒孔文舉，小兒

楊德祖」。

　　經過孔融的推薦，曹操接見了禰衡。見禮之後，曹操並沒有立即讓禰衡坐下。禰衡仰天長嘆：「天地這樣大，怎麼就沒有一個人！」

　　曹操說：「我手下有幾十個人，都是當今的英雄，怎麼說沒人？」

　　禰衡說：「請講。」

　　曹操說：「荀彧、荀攸、郭嘉、程昱機深智遠，就是漢高祖時候的蕭何、陳平也比不了；張遼、許褚、李典、樂進勇猛無比，就是古代猛將岑彭、馬武也趕不上；還有從事呂虔、滿寵、先鋒于禁、徐晃，又有夏侯惇這樣的奇才，曹子孝這樣的人間福將，怎麼說沒人？」

　　禰衡笑著說：「您錯了！這些人我都認識，荀彧可以讓他去弔喪問疾，荀攸可以讓他去看守墳墓，程昱可以讓他去關門閉戶，郭嘉可以讓他讀詞念賦，張遼可以讓他擊鼓鳴金，許褚可以讓他牧羊放馬，樂進可以讓他朗讀詔書，李典可以讓他傳送書信，呂虔可以讓他磨刀鑄劍，滿寵可以讓他喝酒吃酒糟，于禁可以讓他背土壘牆，徐晃可以讓他屠豬殺狗，夏侯惇可稱為『完體將軍』，曹子孝可叫做『要錢太守』。其餘的都是衣架、飯囊、酒桶、肉袋罷了！」

　　曹操很生氣，說：「你有什麼能耐？敢如此口出狂言？」

　　禰衡說：「天文地理，無所不通，三教九流，無所不曉；上可以讓皇帝成為堯、舜，下可以跟孔子、顏回比美。怎能與凡夫俗子相提並論！」

　　這時，張遼在旁邊，拔出劍要殺禰衡，曹操阻止了張遼，悄聲對他說：「這人名氣很大，遠近聞名。要是殺了他，天下人必定說我容不得人。他自以為了不起，所以我要他任教吏，以便侮辱他。」

　　一天，禰衡去面見曹操，曹操特意告訴看門人：「只要禰衡到了，就立刻讓他進來。」禰衡衣衫不整，還拿了一根手杖，坐在營門外，破口大罵，使曹操侮辱禰衡的目的沒能達到。

有人又對曹操說：「禰衡這小子實在太狂妄了，把他押起來吧！」

曹操雖然生氣，但還是忍住了，說：「我要殺他還不容易？不過，他在外總算有一點名氣。我把他送給劉表，看看結果又會怎麼樣吧。」就這樣，曹操沒有動禰衡一根毫毛，讓人把他送到劉表那兒去了。

到了荊州，劉表對禰衡不但很客氣，而且「文章言議，非衡不定」。但是，禰衡驕傲之習不改，多次奚落、怠慢劉表。劉表又出於和曹操一樣的動機，把他送給了江夏太守黃祖。

到了江夏，黃祖也能「禮賢下士」，待禰衡很好。禰衡常常幫助黃家起草文稿。有一次，黃祖曾經握住他的手說：「大名士，大手筆！你真能體察我的心意，把我心裡要想說的話全寫出來啦！」

但是，後來在一條船上，禰衡又當眾辱罵黃祖，說黃祖「就像廟宇裡的神靈，儘管受大家的祭祀，可是一點兒也不靈驗。」黃祖下不了臺，惱怒之下，把禰衡殺了。禰衡死時才二十六歲。

曹操知道後說：「迂腐的儒士只會搖唇鼓舌，自己招來殺身之禍。」

禰衡短短一生未經軍國大事，究竟是哪方面的人才很難斷定。然而狂傲至此，即使他有孔明之才，也必招殺身之禍。

關羽大意失荊州，同樣是歷史上因傲致敗最經典的一個故事。

三國時期，吳將呂蒙來見孫權，建議乘關羽和曹操合圍樊城的時候，偷襲荊州。這建議正合孫權之意，立刻委以重任。

可是，呂蒙發現鎮守荊州的蜀將關羽警惕性很高，荊州軍馬整齊，沿江又有烽火臺警戒，互透軍情，很難正面攻破。正在苦思偷襲之計，陸遜來訪，教給呂蒙一條詐病之計。

陸遜說：「關羽自恃是英雄，無人可敵。唯一懼怕的就是將軍你了。將軍乘此機會可假裝有病，解去軍職，把陸口的軍事任務讓給別人，又使接你職務的人大讚關羽英武，使關羽驕傲輕敵。這樣，關羽就會把防守荊州的兵調

去攻打樊城。假如荊州沒有防備，將軍只需用小股軍隊突襲荊州，便可以重新掌握荊州了。」

呂蒙大喜，說：「真好計也！」

後來，呂蒙果然請了病假，回到建業休息，並推薦陸遜代他守陸口。關羽得到消息知道呂蒙病重，已調離陸口，新來的陸遜又不見經傳，遂有輕敵之心。他還收到了陸遜送來的禮物，附上一封措辭卑謹的信函。信中說：「將軍（關羽）在樊城一役中，把曹將於禁俘虜過來，水淹七軍，遠近讚嘆，都說將軍的功勞足以流芳百世。就算是晉文公大勝楚軍的英勇，韓信打敗趙兵的謀略，也不及將軍您……這次曹操失敗了，我們聽到也很高興。但是，曹操很狡猾，不會甘心失敗，恐怕會增調援兵，以求一逞野心。雖說曹軍師老，但還是很強悍。況且戰勝之後，一般都會出現輕敵的觀念。所以古人用兵，勝利之後就應更加警覺。希望將軍您多方面考慮計畫，以獲全勝。我只是一介書生，沒有能力擔任現職，幸好有將軍您這樣強大的鄰居。我願意把想到的貢獻給將軍做參考，希望將軍能多加指教！」

關羽看了這信，仰面大笑，命左右收了禮物，打發使者回去。他覺得這個年輕書生人不錯，用不著防範，於是，他下令把原來防備東吳的軍隊陸續調往樊城前線。

就在這時，曹操聽司馬懿之計派使來到吳國，要孫權夾擊關羽。孫權早已決定要襲取荊州，所以馬上覆信，表示同意。這樣，原來的孫、劉聯盟抗曹，一下子變成了曹、孫聯盟破劉，形勢急轉直下。孫權拜呂蒙為大都督，統領江東各路兵馬，襲擊關羽的後方。

呂蒙到了潯陽，命士兵們穿了白色的衣服扮作商人，藉故潛入烽火臺，攻取了荊州。

事情到了這個地步，關羽才知道自己對東吳的防備太大意。

只為一個「傲」字，關羽慘失荊州，這也為後人敲響了警鐘。英雄如關羽，尚且驕傲自大不得，平常人哪裡還有驕傲的理由。

驕傲的原因是無知

所有驕傲的人都認為，自己有學識，有能力，或有功勞；而謙遜的人卻總是說：我還差得很遠。驕傲者真的有其驕傲的資本，而謙遜者真的差得很遠嗎？這是一個耐人尋味的問題。

事實上，驕傲者雖然往往有一定的學識，但他驕傲的真正原因絕不是學識，而是無知。同樣，謙遜的真正原因也不是他差得很遠，而是他的確不比別人差、謙遜與驕傲的原因全在於一個人的整體修養如何，而不在於是否多讀了幾本書、多做了幾件事。

蘇格拉底是古希臘哲學家中最受人尊敬的一位。他不僅學識淵博，而且非常善於辨析，當時不管任何問題，只要到了他的手裡，沒有不迎刃而解的。但是他非常謙遜，從來不以當代權威自居，當別人向他請教的問題，他總是循循善誘，讓對方自己得出正確的結論。戴爾‧卡內基與人交談時總是談到蘇格拉底的一個「小祕密」，即在辯論一開始，就不斷地說「是的，是的」，然後用「但是」和提問引導對方，這樣就使對立的辯論變成了溝通式的交談，讓對方心悅誠服於自己的觀點。

由於博學而謙遜，蘇格拉底被世人公認為學識最淵博的人。但是蘇格拉底卻一點也不這樣認為。他說：「不可能！我唯一知道的事情是，我一無所知。」

眾人仍異口同聲地稱讚他是天下最有學問的人，並建議他到山上的神廟去占卜，看看天神的意見如何。於是蘇格拉底來到神廟去占卜，占卜的結果明白無誤：他確實是天下最聰明的人。面對神諭，蘇格拉底無話可說了，但是口裡仍然喃喃自語：「我唯一知道的事情就是我一無所知。」

　　然而世上總有一些人自以為有所知，甚至以為「天下第一」。這樣的人，哪有不摔跤的。

　　楚漢相爭時，項羽勇將龍且奉命率領大軍，日夜兼程向東進入齊地，救援齊王田廣。

　　韓信正要向高密進軍，聽說龍且兵到，召見曹、灌二將，囑咐他們：「龍且是項羽手下有名的猛將，只可智取，不可跟他硬拼，我只能用計擒住他，」於是，命令部隊後撤三里，選擇險要的高地安營紮寨，按兵不動。

　　楚將龍且，以為韓信怯戰，想渡河發起攻擊。屬下官吏向他建議：「齊王田廣數萬部隊已經吃了敗仗，又都是本地人，顧慮家室，容易逃散；他們潰逃，我們也支持不住。韓信來勢很凶，恐怕擋不住。最好是按兵不動，暫不與他正面交鋒。漢兵千里而來，無糧可食，無城可守，拖他們一兩個月，就可不攻自破了。」

　　龍且性高氣傲，目空一切，他連連搖頭道：「韓信不過是一個市井小兒，有什麼本領？聽說他少年時要過飯，鑽過人家的褲襠。這種無用之人，怕他什麼！」

　　副將周蘭上前進諫道：「將軍不可輕視韓信。那韓信輔佐漢王平定三秦，平趙降燕，今又破齊，足智多謀，還望將軍三思而行。」

　　龍且把手一擺，笑著說：「韓信遇到的對手，統統不堪一擊，所以僥倖成功。現在他碰上我，他才曉得刀是鐵打的，我管教他腦袋搬家！」

　　當下龍且派人渡水投遞戰書。

　　為準備決戰，韓信命軍士火速趕製一萬多條布袋，當夜候用。黃昏時分，韓信召部將傅寬，授予密計：「你帶兵各自帶上布口袋，偷偷到濰水上游，就地取泥沙裝進口袋，選擇河面淺窄的地方堆上沙袋，阻擋流水。等明天交戰時，楚軍渡河，我軍發出號炮，豎起紅旗，即命兵士撈起沙袋，放下流水，至要至要！」

韓信命眾將今夜靜養，明日見紅旗豎起，立即全力出擊。第二天，他又命曹參、灌嬰兩軍留守西岸，自己率兵渡到東岸，大聲挑戰道：「龍且快來送死！」

龍且本是火暴性子，他躍馬出營，怒氣沖沖，舉刀直奔韓信，韓信急忙退回陣中，眾將出陣抵擋。韓信拍馬就走，眾將也忙退兵，向濰水奔回。

龍且哈哈大笑，說道：「我早說過韓信是個軟蛋，不堪一擊嘛！」說著，龍且領頭追去，周蘭等隨後緊跟，追近濰水，那漢兵卻渡過河西去了。

龍且正追趕得起勁，哪管水勢深淺，也就躍馬西渡。周蘭看見河水忽然淺了，有些懷疑，急追上去想勸住龍且，但已來不及了。楚軍兩三千人剛剛渡到河中，猛然一聲炮響，河水忽然上漲了好幾尺，接著便洶湧澎湃，河水鋪天蓋地襲來。河裡的楚兵站立不穩，被洶湧的大浪卷走，不久便是滿河浮屍。

這時漢軍陣中紅旗豎起，曹參灌嬰從兩旁殺來。韓信率眾將殺回來。不管龍且如何驍勇，周蘭如何精細，也衝不出漢軍的天羅地網。結果是龍且被斬，周蘭被擒，兩三千楚兵統統當了俘虜。

聽龍且對韓信的評價，幾乎完全不了解對方。所言種種，無非出身低微，忍胯下之辱一類的讒言。以此為據而戰兵於韓信，豈有不敗之理？

列夫‧托爾斯泰（Leo Tolstoy）也曾經有一個巧妙的比喻，用來說明驕傲的原因。他說：一個人對自己的評價像分母，他的實際才能像分子，自我評價越高，實際能力就越低。

托爾斯泰的比喻，生動地說明了一個人的自我評價與其真才實學之間的關係。願這個比喻能牢記在年輕人心中，並時時起到警鐘的作用。

▌謙遜應當適度

做一個謙虛的人是好的，但不要做一個冷漠無情的人。

—— 伏爾泰（Voltaire）

美國歷史上有位名叫卡爾文・柯立芝（Calvin Coolidge，Jr.）的總統生平有兩則膾炙人口的逸事，在這逸事中我們可以發現他別致的魅力。柯立芝是以謙遜而聞名的。第一則逸事即是他的謙遜；第二則逸事所表現出的從表面上看，正好與他謙遜的美德相反，但仔細分析，其本質仍是出自於謙遜。

柯立芝在阿姆斯特大學的最後一年，獲得了一枚金質獎章，它是由美國歷史學會獎給的最高榮譽。這在全美國來講，也是件很光榮的事情，可柯立芝並沒有把這件事告訴任何人，甚至連自己父母都沒有。畢業後，聘用他的法官伏爾特，無意中從六周以前一份雜誌的消息中發現了這一記載。這使他對柯立芝倍加讚賞與青睞，不久便給了他一個很重要的職位。

在柯立芝的全部事業中，從一名小小的職員上升為美國第 30 任總統，常以這種真誠謙遜的樣子出現在眾人眼裡。他的身價也因此急劇上升。

還是在柯立芝從事麻省議員連任競選的時候，在進行投票的前一晚，他將一個小而黑的手提袋包裝好，急步向雷桑波頓車站走去，因為他忽然聽到省議會議長一席空缺的消息。兩天以後，他從波士頓回來，而他那小而黑的手提袋裡已裝滿了多數議員同意他為省議會議長候選人的簽名。就這樣，柯立芝開始正式踏上自己的政治生涯，就任麻省議會議長職務。

在適當的時機、對著合適的人，這位歷來謙遜的人，用最敏捷的方法脫穎而出。真是「不鳴則已，一鳴驚人；不飛則已，一飛沖天」。

可見，在平時真誠謙遜待人，可以增添人格的魅力，博得大眾的好感，為自己事業的騰飛奠定基礎；一旦時機成熟或者機遇已到，就要充分利用謙遜所帶來的身價，一蹴而就，達到目的。

美國南北戰爭時期南方聯盟的戰將傑克遜（Thomas Jonathan Jackson）也是一個以謙遜聞名於世的人。

有人說「天賦的謙遜」是傑克遜顯著的特性和優秀的品格。

還在西點軍官學校時，他便以謙遜著稱。有一場名為「石城」的戰役，本來是他指揮的，但他卻一再堅持說功勞應屬於全體官兵，而不屬於他自己。在墨西哥戰鬥中，總司令斯哥托對他的指揮能力予以了極高的評價，而傑克遜從未向任何人提起過這事。

不過，傑克遜並不是視功名如糞土，從墨西哥戰爭開始時他給其姐姐的一封信中便可以看出，他充滿了樹立聲響、博得大眾注目的計畫。因為那個時候他只不過是一個空有其名的副官。在他後來的事業發展中，這位勇敢、謙遜而聰明過人的人，巧妙地運用了他向上進取的每一計畫，使斯哥托將軍大為好感，在他的手下，傑克遜得到了不斷的提拔。

對此，我們不難看出，傑克遜的謙遜的兩重性與柯立芝何等相似！這些人所不願聲張的，只是那些一定會為人們所知道的事情。而當他的至關重要的功績被人們忽略時，他們也會立即採取必要的行動來標識自己的，只不過這是一種實事求是、恰如其分的標識。

所以，只有目光短淺、胸無大志的人才會時時標榜自己做了什麼，有時為了標識自己，甚至在大眾面前掩飾自己的過失。但傑克遜、柯立芝等偉大的人物不屑於小事物上的成績，而是超脫這種淺薄的虛榮。因為他們深知，人們所樂意接受和尊敬的是謙遜的人。

一個有功績而又十分謙遜的人，他的魅力定會倍增。

對於謙遜，還應該明白：在這個現實的世界，好的道德與才能，如果沒有人知道，並不就是很好的回報。這不僅是在欺騙自己，也是在欺騙別人，更是對自己功績的詆毀。所以，過度的謙遜並不是一種可取的美德。俗話說：「過分的謙虛等於驕傲」，就是這個道理。

▌自由來自自律

唯有自我控制才能獲得真正的個人自由。

—— 弗雷德里克‧佩斯（Friedrich Karl Rudolf Bergius）

每個人都有享受美食的自由，可是當這種自由因為無限的擴張而失去控制時，自由就會被束縛替代，節食和減肥就是在享受這種自由後不得不付出的代價。

抽煙、喝酒也一樣。當不到自律地享受這些自由時，那無疑是在作繭自縛，並有可能從此被剝奪享受這些自由的權利。

控制自己不是一件非常容易的事情，因為我們每個人心中永遠存在著理智與情感的鬥爭。自我控制、自我約束也就是一個人需要按理智判斷行事，克服追求一時情感滿足的本能願望。一個真正具有自我約束能力的人，即使在情緒非常激動時，也是能夠做到這一點的。

自我約束表現為一種自我控制的感情。自由並非來自「做自己高興做的事」，或者採取一種不顧一切的態度。如果任憑感情支配自己的行動，那便使自己成了感情的奴隸。一個人，沒有比被自己的感情所奴役而更不自由的了。

無法自律的職業球員，不會輝煌太久。無法自律的人難以取得卓越的成就。所有的自由背後都有嚴格的自律作保證，職業者一旦無法控制自己的情緒、惰性、時間、金錢……那他們將不得不為這短暫的自由付出長遠的、備受束縛的代價。

無法自律定被他律。如果不希望成為被他人判處約束的「無期徒刑」，你就得好好管住自己。

自制方能制人

男人和女人的許多優秀品格都體現在寬容、忍耐和克制上。

—— 亞瑟·荷爾普斯（Sir Arthur Helps）

拿破崙·希爾（Napoleon Hill）對美國各監獄的 16 萬名成年犯人作過一項調查，發現了一個驚人的事實，這些不幸的男女犯人之所以淪落到監獄中，有 90% 的人是因為缺乏必要的，未能把他們的精力用在積極有益的方面。

在芝加哥一家大百貨公司裡，拿破崙·希爾親眼看到了一件事，說明了自制的重要性。在這家百貨公司受理顧客提出抱怨的櫃檯前，許多女性排著長長的隊伍，爭著向櫃檯後的那位年輕小姐訴說他們所遭遇的不公正待遇，以及這家公司不對的地方。在這些投訴的婦女中，有的十分憤怒且蠻不講理，有的甚至講出很難聽的話。櫃檯後的這位年輕小姐一一接待了這些憤怒而不滿的女性，絲毫未表現出任何憎惡。她臉上帶著微笑，指引這些婦女們前往相關部門解決問題，她的態度優雅而鎮靜，拿破崙·希爾對她的自制修養大感驚訝。

拿破崙·希爾站在那兒觀看那群排成長隊的婦女，個個咆哮怒吼地向櫃檯後的年輕小姐抱怨，但當她們離開時，個個卻像溫順柔和的綿羊。事實上，她們之中的某些人離開時，臉上甚至露出羞怯的神情，因為這位年輕小姐的「自制」已使她們對自己的作為感到慚愧。

要想做到自制，是否有一種實用的技巧？拿破崙·希爾將其中的一些技巧總結為「自制的七個 C」。

- **控制自己的時間 (Clock)**：時間雖在不斷流逝，但可以任人支配。你可以選擇時間來工作、遊戲、休息、煩惱……雖然客觀的環境不一定能任人掌握，但人卻可以自己制定長期的計畫。當我們能控制時間時，就能改變自己的一切，使自己每天的生活過得充實無隙。生命就是時間，把握時間，就是掌握生命。

- **控制思想 (Concept)**：控制自己的思想與想像性的創造，因為幻想在經過刺激之後，才會實現。

- **控制接觸的對象 (Contacts)**：我們無法選擇共同工作或一起相處的全部對象，但是我們可以選擇共度最多時間的同伴，也可以認識新朋友，找出成功的楷模，向他們學習。

- **控制溝通的方式 (Communication)**：控制說話的內容和方式。較好的溝通方式最主要的就是聆聽、觀察以及吸收。當我們進行溝通時，我們要用資訊來使聆聽者獲得一些價值，並彼此了解。

- **控制承諾 (Commitments)**：選擇最有效果的思想、交往對象與溝通方式。我們有責任使它們成為一種契約式的承諾，定下次序與期限，按部就班，實現自己的承諾。

- **控制目標 (Causes)**：有了自己的思想、交往對象以及承諾之後，就可以定下生活中的長期目標，而這個目標成為我們極高的理想，以及生活的一項計畫，這就給了我們信心與勇氣。

- **控制憂慮 (Concern)**：一般人最關心的莫過於如何創造一個喜悅的人生。多數人對於會威脅自己價值觀的事，都會有情感上的反應，所以適當地控制自己的情緒，將憂慮降為最低，對事情的發展很重要。

做情緒的主人

1965 年 9 月 7 日，世界撞球冠軍爭奪賽在美國紐約舉行。路易斯‧福克斯（Louis Fox）的得分一路遙遙領先，只要再得幾分便可以獲得冠軍了，就在這個時候，他發現一隻蒼蠅落在母球上，他揮手將蒼蠅趕走了。可是，當他俯身擊球的時候，那只蒼蠅又飛回到母球上來了，他在觀眾的笑聲中再一次起身驅趕蒼蠅。這隻討厭的蒼蠅破壞了他的情緒，而糟糕的是，蒼蠅好像是有意跟他作對似的，他一回到球桌，它就又飛回到母球上來，引得周圍的觀眾哈哈大笑。路易斯‧福克斯的情緒惡劣到了極點，終於失去了理智，憤怒地用撞球桿去擊打蒼蠅，撞球桿碰到了母球，裁判判他擊球，他因此失去了一輪機會。之後，路易斯‧福克斯方寸大亂連連失分，而他的對手約翰‧迪瑞（John Deery）則愈戰愈勇，超過了他，最後奪走了冠軍。

一隻小小的蒼蠅，竟然擊倒了所向無敵的世界冠軍！

一位經營飯店的高層主管分享道：「每個人都會有特別傷腦筋的事情。在經營飯店的過程中，幾乎天天都會發生能把你氣得半死的事。當我在經營飯店並為生計而必須得與人打交道的時候，我心中總是牢記著兩件事情。其一是絕不能讓別人的劣勢戰勝你的優勢。其二是每當事情出了差錯，或者某人真的使你生氣了，你不僅不要大發雷霆，而且還要十分鎮靜，這樣做對你的身心健康是大有好處的。」

一位商界精英說：「在我與別人共同工作的一生中，學到了很多東西，其中之一就是絕不要對一個人喊叫，除非他離得太遠不喊聽不見。即使那樣，也得確保讓他明白你為什麼對他喊叫，對人喊叫在任何時候都是沒有價值的，這是我一生的經驗。喊叫只能製造不必要的煩惱。」

▌智慧錦囊：給愛生氣者開兩劑藥方

> 我若氣死誰如意？況且傷神又費力！
>
> ──〈莫生氣〉

　　生悶氣對自己身體有害，發「明」火會損害與他人的感情。一個愛生氣的人，非但得不到他人的喜歡，還會陷入人際關係惡劣的泥潭，並且還會使自己的身心健康受到損害。下面介紹〈莫生氣〉及〈莫惱歌〉，請讀者朋友熟讀默記，定能對平和身性有潛移默化之療效。

莫生氣
人生就像一場戲，因為有緣才相聚。
相扶到老不容易，是否更該去珍惜。
為了小事發脾氣，回頭想想又何必。
別人生氣我不氣，氣出病來無人替。
我若氣死誰如意？況且傷神又費力。
鄰居親朋不要比，兒孫瑣事由他去。
吃苦享樂在一起，神仙羨慕好伴侶。

莫惱歌
莫要惱，莫要惱，煩惱之人容易老。
世間萬事怎能全，可嘆痴人愁不了。
任你寶貴與王侯，年年處處理荒草。
放著快活不會享，何苦自己等煩惱。
莫要惱，莫要惱，明月陰晴尚難保。
雙親膝下俱承歡，一家大小都和好。
粗布衣，菜飯飽，這個快活哪裡討？
寶貴榮華眼前花，何苦自己討煩惱。

第四章　莊重知禮　優雅有加

先學禮而後問世

> 彬彬有禮是一個人最美麗的飾品。
>
> —— 歌德（Johann Wolfgang von Goethe）

什麼是社交禮節呢？簡單來說就是人與人相處、互動所遵循的規範。

禮節並非是一成不變的公式，也不是上流社會中特有的規矩，而是任何一個階層的每個人都應懂得並遵行的生活修養與準則。

說到社交禮節，一般人往往有高深莫測之感。老一輩人常常告誡年輕人：入社會之前要先把禮節學好，才不會被人笑話！這就是「先學禮而後問世」的說法。舊有的禮節繁雜瑣碎，光要記住一套用於應對的公式就已經夠多的了，還有一大堆言行舉止的規矩。這種舊的「社交禮節」往往令現在的年輕人敬而遠之。

禮節應該要隨時代的變化而賦予新的形式和內涵。今天社交生活中所運用的新禮節不同於以往，其「禮」，是教人尊重與關心他人，合乎人情；其「節」，是教人在言行舉止上要恰如其分，合乎事理。透過「禮節」，使大家相處得更加友好、和睦……所以，這些在日常生活中所接觸到的問題，並不高深，也不繁褥，而是簡單而容易執行的。

社交禮節本來就不是講求形式的東西，保持彬彬有禮的態度，以及注意儀表固然不可少，但更重要的是在實際生活中隨時隨地關心朋友、尊重朋友的精神，甚至在公共場合也必須關心和尊重他人的原則。譬如：在街上無意間踩了別人一腳，能說一聲：「對不起」；在公車上能讓座給老弱婦孺；在與他人談話時能做到耐心地傾聽……這些就是禮節。說它難嗎？誰都可以做到。說它容易嗎？做到的人卻不多。

學習禮節雖不是一件難事，但要做到處處講禮節倒也是一件不容易的事。因為禮節不等於一套公式，並不等於「恭敬謹慎」。禮節在一定程度上

反映了一個人的道德修養，因此，我們隨時隨地都要注意自己的言行舉止。有位朋友說得好：「要學習禮節，最好是從公共場合待人處事做起。」此話說得真是恰到好處，禮節原是人類社會生活中共同守護的東西，大家都講究禮節，人們相處就會更融洽、更友愛、更和睦，就像一個大家庭一樣。

有許多人能夠在社交場合中講求禮節，而且顯得彬彬有禮，溫文儒雅，但是當他在公共場所中，卻顯得粗魯和蠻橫，爭先恐後，唯恐吃虧。我們在搭乘大眾運輸工具時都可以見到這種現象，人們一窩蜂地上車而把老弱婦孺擠到一邊；在車輛上也蠻橫地霸座一方，對老弱視而不見……這種人儘管是社交場合中的君子，社交能手，但由於他只講個人利害得失，因此，可以說他在社交場中的禮節是虛偽的。禮節不是用來表演給他人看的，而是日常生活中，體現人與人之間相處的精神。一個人能夠做到處處講禮節，那麼，當他出現在任何社交場合也絕對不會失態。

人是有感情的動物，因此，當受到別人尊重時，自然會感到快樂；當受到別人輕視時，自然就會覺得氣惱。不管在任何時代，這種人與人相處的關係始終不變，這是人類的通性。而促使這種關係相處融洽最好的方法，就是「禮」。它代表尊敬、尊重、親切、體諒等意義，同時，也是個人的修養的展現。

華人的民族性較西方人含蓄，因此，特別講究禮節。由於太重視繁文縟節，以至於有些人對「禮」的認知產生偏差，他們以為只有對長輩、上司，或想討好對方時才講禮節，對晚輩或自己沒有利害關係的人，就可馬虎。

甚至還有人認為，禮貌只是社交上的一種手段，並沒有其他價值。如果以這些態度來評斷禮節，豈不是使人際關係變成「錢貨兩訖」的交易關係，和做生意又有什麼兩樣？

現代心理學指出「自尊是維持心理平衡的要素。」可見每個人要維持心理的平衡和健康，都要有活得「理直氣壯」的感覺，也就是處處受人尊重，

才能進一步肯定自己存在的價值。所以，尊重、體諒等「禮」節，絕不是有一定的規範，也不是虛假問候，而是發自內心最基本也最真誠的行為。

俗話說：「先學禮而後問世。」學些什麼禮呢？彬彬有禮的態度又是怎樣的呢？沒有人生下來就懂禮，家庭、學校、社會，逐漸教導我們成為一個有風度的人。但是，如果每做一件事就有一套刻板的禮儀在縛手縛腳豈不很煩瑣。

事實並不盡然，因為，有許多禮儀事實上是日常生活中的一部分，習慣成自然，我們早已感覺不到它的約束。另外，關於人情往來、社交活動等較特殊的禮節，只要我們基於尊重、體諒別人的心情之上，也都是不難做到的。

所以，禮，絕不能、也絕不是只講求形式，要保持彬彬有禮的態度，在現實生活中，一定要從尊重他人，關心他人出發，在社交場合中，自然也就能以有禮的態度與人交往和溝通。

如果能身體力行，適當地做到「多禮」，則必然「人不怪」而大受歡迎。所以，彬彬有禮的風度，不但能成為你最高貴的「飾品」，同時還能給你帶來好人緣。

▌打個招呼並不難

> 禮貌使有禮貌的人喜悅，也使那些被以禮相待的人喜悅。
> —— 孟德斯鳩（Charles de Secondat, Baron de Montesquieu）

長輩們從小就教育我們要按輩分打招呼。也就是見到熟人要打招呼。一聲「叔叔好」，在物質上除了可能帶來糖果的獎勵，更可以帶來人情的溫暖。還記得上幼兒園時，老師教的兒歌裡就有「見了老師問個好，見了同學問聲早」之類的兒歌，對打招呼已經開始進行潛移默化的教育。

　　遇見熟人主動打招呼，致以問候，是最基本的禮貌要求。不過也不應該見人就聊個不停，影響他人做事。另外，打招呼最常用的就是「你好」，而用「吃飽了嗎？」、「要去哪裡？」這類問候語時，一定要注意場合和對方的神情。有個笑話說，某人習慣用「吃飽了嗎」打招呼，以至於碰到剛從洗手間裡出來的熟人也這樣打招呼，結果引起對方的困惑。還有，像「最近忙什麼呢？」這類問候性的打招呼也要少用，因為這類問候可能有干涉別人隱私的感覺，也許會令人感到不愉快。

　　很多人都有這樣的感受，例如在路上遇到不太熟悉的異性覺得很尷尬，不打招呼又顯得不禮貌，打招呼又不太好意思。其實，不必對此過於緊張，正確的做法應該是點頭示意的方式打招呼，這樣既顯得熱情，不是一副冷冰冰的樣子。但是如果男性偶然在路上遇見不太熟的女性，應主動先打招呼，但表情不可過分殷勤。

　　如果男女兩人一同上街，遇到女性的好朋友，女性可以不把男伴介紹給對方，男性在她倆寒暄時，要自覺地與兩人保持一定距離等候，待女伴說完話後再一起走；女性對男伴的等候應表示感謝，且與人交談的時間不可太長，不應該讓男伴等太長時間。如果遇到男性的朋友，男性則應該主動把女伴介紹給對方，這時女性應禮貌地向對方點頭示意。如果是兩對夫婦或兩對情侶偶遇，互相打招呼的順序應是：女性們首先互相打招呼，然後男性們分別向對方的妻子或女友打招呼，最後才是男性們互相打招呼。

　　打招呼時有一個最基本的問題，就是不要為了表示親切而牽涉到個人私生活，要是把個人隱私方面的話題拿出來「寒暄」，打這類招呼反而會引起對方的不快。

　　一般打招呼要熱情簡潔，不要太過於繁雜，其實一句普通的帶著微笑的「您好」，就能夠拉近兩人的距離了，再添加別的內容反倒成了累贅，甚至給對方說話拖泥帶水的感覺，甚至於不希望下次見到你。

▋「出手不凡」的握手禮節

> 手能拒人千里之外，也可充滿陽光，讓他人感到很溫暖。
>
> —— 海倫·凱勒（Helen Adams Keller）

通常，人與人初次見面、熟人久別重逢、告辭或送行均以握手表示自己的善意，因為這是最常見的一種見面禮、告別禮。有時在一些特殊場合，如向人表示祝賀、感謝或慰問時；雙方交談中出現了令人滿意的共同點時；或雙方原先的矛盾出現了某種良好的轉機或徹底和解時，習慣上也以握手為禮。

握手是件稀鬆平常的事嗎？名人每天不知要握多少次手，而一般人從早到晚，接洽公務，拜訪朋友，也要無時無刻伸出這一雙溝通情感的「橋梁」。握手，實在是太普通的禮節了，但有很多人因此而忽略了它。其實，就是因為太平常，所以更應該重視，更不能掉以輕心。

那麼，正確的握手禮節是怎樣呢？

握手的方法

一般來說，當有人介紹你和朋友認識的時候，你應禮貌地主動伸出右手與對方相握，表示歡迎或高興認識之意。如果帶著手套，應先行脫掉，再伸出手。

兩手交握之際，必須注意用力得宜。太重了，像是仇人相見，要扭斷對方的手；太輕了，又顯得過分自負，毫無誠意。正確而又讓人覺得舒適的握手方式，應該是握得緊密有力、充滿熱情。如果伸出來的手無力地向下低垂，且握得寬鬆，不但失禮，也會叫人覺得你毫無誠意。

久別重逢或是友情較深的人相見時，總是兩隻手握得緊緊的，並且表情愉快，這樣的握手方式充分表露了對朋友的真誠，也讓人深深感受到相見的

歡愉氣息，令人興奮。平常與人握手時，如能本著這種「誠意」，必能為你帶來更多的朋友。

聰明的男性在與人握手之時，就能留給人良好的深刻印象，出手的輕重、搖動的方式都有一定的分寸。此外，還要注意什麼時候該伸出手來，什麼時候不可以，也應了解與長者相見時握手之禮如何運用。主人周旋在賓客中時該如何表達？當客人應邀赴宴時，需特別注意的禮節有哪些？男女之間的握手有什麼忌諱？這些都是必須隨時注意的，所謂「男女有別，主客不同」，不能不弄清楚。

男女有別，主客不同

如前所述，握手雖是一種很普通的社交禮節，卻仍有它的規矩，搞錯身分，隨意伸手與人相握，有時會得到相反效果。

握手的禮節不但男女有別，主人與客人也有不同的應對禮節。男性務必要分清楚自己在各種場合中的身分，然後才能恰如其分地「出手」。我們知道，在社交場合中，男性與女性所應注意的禮節有很多地方都不一樣，握手也是如此。

男性與女性相見，或將男性介紹給女性時，應等女性伸出手來，才可以伸出手去和她相握，而且握的時候，也應輕輕地握，不可像和同性握手一樣用力搖動，以免握痛女性們的纖纖玉手。還有一點必須特別注意的是，男性與女性握手時，應先脫掉手套，而且必須站立，而女性們則盡可能坐著，或戴著手套與人握手，這是西方人「女士優先」的傳統。

如果女性沒有與你握手的意思，身為男性的你，只要欠身點頭並微笑就夠了，千萬不要冒冒失失地抓住她的手，這樣輕則惹人生厭，重則可能惹出無謂的風波。有些女性，尤其是未婚女子，多半比較拘束，或不習慣與男性握手，這時你要是先把手伸出去，會讓對方十分為難。這點身為男性，不可

不知，否則很可能會在大庭廣眾前出醜。

　　主、客在握手禮節上也是有差別的。

　　主人處於迎候與招待客人的地位，客人則是被歡迎和受招待的，於是主客之禮必須弄清楚。身為主人，在宴客的場合中，必須先伸出手來與客人握手，絕對不可以等客人先伸出手來，才與他相握，而在送客的時候，應與客人一一握手道別，並感謝對方接受邀請。

　　如果是客人，當主人向你伸出手來的時候，你必須立刻回握住他的手，切勿東張西望或猶豫不決。倘若告別的人很多，主人一時未能跟你握手，那你就應等候片刻，千萬不可不辭而別，或爭先伸出去亂握一通，那是很不禮貌的，不僅會讓主人感到不悅，也會讓人覺得你舉止失態，沒有風度。

　　一個風度翩翩、彬彬有禮的男性，對「握手」這種細微的社交禮節會加以注意的 —— 適時「出手」，才不會「握錯手」，才能把友誼送出去，並獲得他人友誼。

　　最後，重複幾項要點多加注意：

· 與人握手，一定要用右手，切忌以左手和人相握（右手有傷可先聲明，以左手代替亦可）。

· 不可先伸出手握女性的手，除非她先伸出手來。

· 在公車、電影院等擁擠或相隔很遠的場合，不必握手，只需點頭為禮。

· 當對方兩手抱著物品，不方便握手時，千萬別伸出你的手，免得對方不知所措。

· 在任何情況下，拒絕對方主動要求握手的舉動都是無禮的，但手上有水或不乾淨時應謝絕握手，同時必須解釋清楚並致歉。

　　握手的禮節看似簡單，實際上則非常講究。只有熟悉並運用這些知識，才能做到「出手不凡」。

▍恰到好處的自我介紹禮儀

如果我們舉止有禮、言談友善，我們就能夠冷靜地對待突發事件而又安
然無恙。

—— 叔本華（Arthur Schopenhauer）

人與人的交往由認識開始。在互相認識之前，交往很難進行。所以在社
交場合中，「介紹」就占據了一個很重要的地位。試想，如果一群陌生人聚
在一個地方，沒有人來扮演介紹的角色，或者是大家都不知道該怎樣來介紹
自己，這樣的聚會，必然是非常尷尬、乏味無比。

既然「介紹」在社交場合中扮演著這樣重要的角色，自然也就不能不熟
悉與介紹有關的禮節了。也許有些人會認為：「介紹？那還不簡單，只要介
紹名字就夠了，沒什麼了不起！」事實上，「介紹」之道包括許多必須注意
的禮貌和技巧，如何善用說辭，把自己的特點推廣出去，使別人對自己留下
深刻的印象；又如何面面俱到，不誇張、恰如其分地給兩個陌生的朋友牽一
條友誼的線，使人人都如沐春風，這是需要有相當功力的。

初次相見，第一印象很重要，如果在介紹之初就給人很不好的印象，那
麼接下去就不容易相處的融洽，也很難建立良好的人際關係。所以，「介紹」
絕非小事，因為這件「小」事攸關你在他人心目中形象的好壞。

與人第一次見面自我介紹時措詞適當，態度有禮，能使人對你產生好
感，願意繼續與你往來，並且樂意和你當朋友；如果自我介紹時口齒不清或
態度輕慢，那麼，人人避之惟恐不及，更不用談和你深入往來了。

總之，不論是自我介紹、被人介紹還是充當介紹人，都應該表現得恰如
其分，不必過度渲染，更不可含糊其辭，最重要的是扮好自身的角色。熟悉
社交禮節，掌握要點，因應時空差異，貼切得當地介紹，才能使賓主盡歡，
滿堂和氣、人人愉快。

　　但是，什麼樣的介紹才算是成功的介紹呢？介紹時又需注意哪些事項呢？下面將告訴你如何使用介紹詞、如何自我介紹、長幼次序不同的介紹順序、男性與女性間介紹的禮貌等，使你在介紹時能得心應手，毫無顧慮。

　　「介紹」的學問的確值得我們花心思學習，透過介紹，新的友誼形成了，新的同事認識了，心靈上的共同點發現了……希望每個人都能善用「介紹」，從而成功地帶給別人一個良好的形象。

　　「介紹」第一要訣是切忌古板嚴肅，時代不同了，輕鬆自然的方式遠比矯作誇張的方式要好。當然，這與介紹詞的內容大有關係。

　　清晰得體的介紹可以使害羞或怕與人接觸的人消除緊張不安的心理，變得活潑開朗；也能讓最易形成僵局的初次見面順利地展開。

　　一般來說，被他人介紹時，彼此點頭微笑或互道一聲「某先生，您好！」或在稱呼後補上一句：「久仰，久仰。」即可。都是簡單而得體的方式，坐著的人應起身以示尊敬，並且和對方握手；如果站立的地方不便握手，只要微笑點頭也就可以了；如果隨身攜帶名片，可雙手送交對方，並應謙虛地說：「請多多指教。」收下名片的一方也應客氣地回答：「不敢當。」然後雙手奉上自己的名片。

　　說話是一種藝術，口齒清晰，咬字清楚，令人一聽就懂。意思表達清楚得體，叫人不必費盡心思就能了解其意義；相反的，如果話說的不清不楚，就會叫人摸不著頭緒。

　　因此，作為一個介紹人，說話必須力求清晰明確，不應該拖泥帶水，含糊其辭。例如，向人介紹李先生時，可以這麼說：「這位是李先生，木子李。」介紹呂先生時則可補上一句：「雙口呂。」如此一來，可使人清楚地聽懂究竟是李還是呂，而不至於搞錯姓氏，稱呼錯誤，對人失禮。如果介紹人在介紹的時候，知道被介紹者和對方朋友的職位、特長或嗜好，也可以作簡

單的介紹，例如說：「這位是某某公司的張先生，對某類工程很有一手。」或者介紹道：「這位是黃先生，喜歡攀岩，是攀岩俱樂部會員。」這樣的介紹，可使雙方都對彼此留下較深刻的印象，同時也可以使介紹之後的談話更好地繼續下去，這是十分重要的。

得體的自我介紹已屬不易，周到的引薦兩位以上的朋友則更為困難。比方說：有些人本性謙厚，不喜歡張揚，尤其不願意在新朋友面前大肆吹噓。這時，當介紹人的就不必替他多作宣傳；反之，也有人喜歡如此，不聽好話心裡不舒服，所以適當地吹捧他幾句，讓彼此有一場愉快的「相見歡」，則是比較高明的社交手腕。另外有一些人，不願意讓人知道他的工作環境或別有隱情，這時就不必多作介紹，讓他在新朋友面前過不去。

除了說話清晰明確，以及順應各人情況之外，不管自我介紹或充當介紹人，講話時，眼睛都應該正視所要介紹的人事物；如果東張西望，那是最不禮貌、也最容易讓人感到反感的行為。

成功的介紹之道除了口到、手到、眼到之外，再加上盡量讓氣氛輕鬆愉快的「心到」，就算完成了穿針引線的職責。

就像介紹詞的內容不能千篇一律，介紹時的禮節也會因人事物的不同或地點的不同而有所差異；有些時候必須介紹，有的時候則不必也不宜介紹；有時要先將男性介紹給女性，有時則得把女性先介紹給男性等。在不同的狀況下，介紹的先後次序或禮節也各有不同。

通常社交場合中的介紹有正式和非正式兩種，但如果細分起來，又有同性之間的介紹、男性與女性之間的介紹、長輩與晚輩之間的介紹等等，雖然種類很多，但其理則是同樣的，只要明白介紹的基本原則，大致上就不會產生問題。

一般說來，正式的介紹必須遵循下列三個原則。

- 女士優先。在宴會中如果男女賓客都有，介紹時男性應被介紹給女性，也就是應先提女性的名字，後提男性的名字，例如：「王小姐，讓我為你介紹張先生。」不過女士優先的情況，也有例外的，比方說，你要介紹一位男性和一位女性認識，而男方的年紀比女方大很多時，就應該說：「張先生，讓我為你介紹王小姐……」

- 在同性中，年輕者應被介紹給年長者以示尊重。年紀相當者先介紹誰都無所謂，但要是其中一方社會地位或名望高出較多時，當然就先介紹給對方。

- 未婚的男性應被介紹給已婚女性，除非他的年紀比她大出很多。

總之，在正式介紹的過程中，名字最先被提出的表示最受尊重，也代表在場人士對此人地位、年齡、聲望等的尊敬。

非正式的介紹，也有下列幾點應加注意。

- 介紹一對夫婦給他人時，應說：「這是李先生和李太太。」熟悉一點的，自然也可以這樣說：「這是李正林和他的太太薛小芳。」當男性要介紹妻子與人相識時，則應將別人介紹給自己的太太，但是，如果對方是位長者或地位較高的人，這時就應該把太太介紹給對方。

- 介紹自己的家人時，應把被介紹人與「我」的關係及姓名說清楚，例如：「潘先生，這是我弟弟振華。」

- 介紹遲到的人給在場的客人時，應按在場客人所處位置自左至右順時針方向一一介紹。例如：「立明，這位是張南、李右新、石光偉……」然後再對在座賓客說：「這位是王立明。」

介紹的學問與人、事、時、地有關。有些人「道不同不相為謀」，為之介紹只有旁生枝節；有些地方，其實是難登大雅之堂，硬要在這裡為對方引見崇拜者，也絕對不恰當；至於座位相隔甚遠的電影院、擁擠不堪的公車

上，都不是介紹的好地方。

　　當你掌握了介紹和自我介紹的方法時，在交際場合就將會如魚得水，無論到什麼地方，都不會感到寂寞。在火車上、旅途中、各種公共場所，都可以應對自如地去結交你想認識的人。

增加對方好感的自我介紹

　　自我介紹是對他人肯定「我」的第一步，透過這種方式，人與人之間才能更進一步了解對方。薩特（Jean-Paul Charles Aymard Sartre）說：「人活著，成了沒有臉的普通人，不知自己是誰。」如果自己都不知道自己是誰，也難怪別人會漠視你了。想要把握機會獲得別人的青睞，必須從自我介紹下手。

　　在各種聚會中，主持人常會要求大家自我介紹，好的主持人說：「這是難得的機會，大家不必客氣，多多推銷自己。」稍遜的主持人便說：「雖然是走個形式，還是請大家自我介紹一下。」此話一出，等於要大家一切從簡，多說無益。最糟的是，乾脆省了這一道「形式」，大家沒頭沒臉、沒名沒姓地共處一室，有的看來莫測高深、行跡詭異，有的卻是被門縫裡看人 —— 給瞧扁了。對他人連最基本的認識都沒有，當然不至於交談過深。

　　聚在一起就是有緣，但今日一別，明日便成陌路，這都是因為少打了個照面 —— 缺乏「自我介紹」作為彼此溝通的媒介。

　　自我介紹既然如此重要，如何將自己的名字，嵌入對方的印象中，讓人印象深刻呢？首先要組織起流利的言語，再通俗的名字，都可以化腐朽為神奇。利用名言、詩詞，比單字的解釋要傳神。譬如姓何，說「人可何」太簡略俗氣，不如說「天涯何處無芳草」的「何」，既有趣又生動有情。又如姓李，名健康，個頭又生得牛高馬大，不妨在自我介紹時把這兩個共同點結合起來，下次見面，也許會有人一見你，就大叫一聲：「啊哈！『你』健

康……」。此外，如故鄉的介紹、年齡的透露等，都應利用特色多加發揮，出生在新竹的，可說「我的故鄉在風城」；年齡三十歲，可說「已屆而立之年」，如果只粗略交代，平淡無奇，實在很難建立深刻的印象。

俗話說：「人不親土親」，在陌生的人事環境當中，如能尋找相似之處，就容易熱絡起來。所以在介紹自己時，提提畢業學校或生長地，有時會有令人意想不到的效果。

如果自己擁有綽號，只要是無傷大雅，在自我介紹時也可順便一提，博人一燦。亦莊亦諧的介紹，與珠言玉語的介紹，其實是等量齊觀，各具巧妙的。

在「興趣」方面，最好能把個人的嗜好與專長介紹出來，這是非常適合「借題發揮」的題目，如果能從欣賞的人、事、物加以闡釋，對於自身價位的提高頗有幫助。

「玉在匱中求善價，釵於奩內待時飛」，自我介紹無非在提醒別人注意自己，只要你別出心裁，襯托得宜，相信你這塊待價而沽的美玉，就如錐處囊中，必定會脫穎而出。

不過，「自我介紹」絕不是「自我吹噓」。做自我介紹時，一定不要把我們的社會地位和成就直接地講出來。不應在自我介紹時說：「我是某某公司的總經理。」而應說：「我在某某公司工作。」同樣的，也不宜這麼說：「我對盆栽很有研究。」只能說：「我對盆栽很有興趣。」或者說：「我從小就喜歡玩盆栽。」

「自我介紹」也不是「自我表白」。「自我介紹」的主要作用，在於打開話匣子，所以，你的自我介紹，不要長篇大論，應該適可而止，如果已經引起談話的興趣，那麼，不妨多談別人，少談自己。可把「自我表白」即對自己的詳細介紹留在以後，留在雙方已經建立了良好的友誼，對方有興趣、有需要對自己做更進一步了解的時候。

自然，在談話過程當中，偶爾做一些有限度的「自我表白」，有時候，也可以得到良好的效果，因為這可以向對方表示你的坦白與誠懇，使對方更願意和你接近。常常有這樣的情形，在談話開始的時候，對方的態度很保留，不大願意發展談話，但當你相當直率地表明你對某人或某事的態度，或者講出你個人某一段經歷之後，談話就轉趨活躍，對方也肯說出他自己的意見與看法了。俗話說：「人心換人心」，你的坦白可以交換到對方的坦白，使雙方可以「一見如故」。自然，你應該事先對於對方有相當的觀察與準確的估計，否則就會犯了「交淺言深」的毛病。

進退從容的拜訪禮節

禮儀的目的和作用是使得本來的粗魯野蠻變得彬彬有禮，使人的氣質變溫和，使他尊重別人，和別人相處融洽。

—— 洛克（John Locke）

在一般的情形之下，拜訪別人住處是有許多好處的。

第一，是向對方表示自己的敬意，也是表示自己想接近對方的誠意。因此，如果雙方的地位不是十分懸殊，被拜訪的人一定要「回訪」，也就是說，如果晚輩去拜訪長輩，下屬去拜訪上司，那麼，長輩和上司都可以不必回訪晚輩和下屬。例外的情況也是有的，如果長輩去拜訪晚輩，上司去拜訪下屬，那常常被晚輩和下屬認為是一種殊榮。

第二，去拜訪對方的住處，多少是為對方著想，因為對方在自己家裡，比較輕鬆自在，不必穿著整齊，也節省外出的時間。

第三，容易對對方有較深刻的認識，因為對方所住的地方、家人和對方家裡的布置裝飾等，都會使我們更加深入地認識對方、了解對方。譬如，對方家裡有一架鋼琴或高級音響，那多少可以知道他對音樂有興趣。從對方擁

有的唱片種類，也可以看出對方喜歡哪一種音樂，是古典音樂還是流行音樂，是東方戲曲或西方歌劇等。此外從對方牆上所掛的圖畫、照片以及他所有的書籍、報章雜誌、小擺設、紀念品等，都可以增加我們對他的了解。有時，對方向我們解說他的相簿，那我們也會更加認識他的過去。

第四，在對方住處談話比在公共場所更容易增進感情，使雙方在一種無拘無束的環境裡暢所欲言，並且比較容易接觸到彼此的私生活，讓大家的友誼發展做了良好的準備。如果能夠常被邀請到對方住處去拜訪，雙方的交流會變得更頻繁。

第五，到對方住處去拜訪，還可以有和他的家人接近的機會。如果我們同時也結識了他的父母、兄弟姊妹、伴侶兒女，或是和他同住的親戚朋友，那麼，和對方的友誼，就發展得更密切、更鞏固了。俗話說：「愛屋及烏」，如果我們對某個人抱有好感，那必定會對他的親人和摯友同樣產生興趣的。

拜訪的時間有奧妙

在拜訪之前，可以用口頭或電話約定一個時間，然後再去拜訪。

如果沒有和對方約定時間，拜訪的時間一定要非常短，因為對方沒有準備，如果拜訪的時間長了，就可能耽誤他的事情。在這種情形之下，對方為了禮貌，可能還是熱情地挽留你多坐一會兒，但是你千萬不要依依不捨，寧願下次約定一個方便的時間、場所，再作長談。

即使約定了時間，我們拜訪的時間，也以 20 分鐘到 1 小時為限。如果對方興致很好，不妨再多談半小時。最好不要拖下去。我們寧願和對方在興趣甚濃時分手，不要拖到沒有興趣的時候不歡而散。在興趣甚濃時分手，留給對方無窮的回味，這樣來日相會才有期待。如果在沒有興趣時不歡而散，那麼雙方的友誼就難以繼續發展。

如果看見對方心不在焉，或是不大說話，這時，他多半是有什麼事情要

處理，或是心情不大好，這時應準備告辭為好。告辭的時候，我們還是要保持愉快的心情，體現我們能夠和對方會面，感到非常滿足，不要表現出失望或不滿足的情緒，以免使對方有所愧疚。

如果有什麼事情要和對方商討或請教，那麼，就「開門見山」，表明來意，千萬不要東拉西扯，浪費了許多時間。如果在說明來意之後，對方表示願意現在和你談談，那麼，應該問對方有多少時間。如果時間到了，問題還沒有頭緒，或還沒有全部解決，除非對方表示可以繼續談下去之外，不然立即結束談話最好，還沒有談完的事情，留到下次有機會再談。臨走時，不要忘記向對方表示謝意。

一般人最容易犯的毛病就是過於重視自己的問題，如果得不到解決方式就會無限制地拖延下去。結果耽誤了別人的事情，也妨礙了別人的生活秩序，容易使對方產生不好的印象，也破壞了彼此剛建立起來的友誼。

在和對方談話的時間，還應該留心環境的變化，譬如也許對方的妻子或小孩，在催促他做什麼事情，即使對方本人興致很高，我們也應該立即告辭。如果遇見有另外的朋友來訪問對方，我們也應該告辭，以免妨礙他們的談話。

拜訪對方的時間，在一般情形之下，多半是在假日的下午，平日的晚飯後；避免在對方吃晚飯的時間去找他；如果對方有午睡的習慣，也不要在午飯後去找他；自然，更不要在對方臨睡的時候去找他，一般晚上九點半以後已經不適合去拜訪了。如果在晚上十一點後還去找人，可能會被認為你神經不正常或讓對方反感。

沾親帶故加深彼此的關係

登門拜訪時，我們應運用各種方法拉近與對方的感情距離。如果你與對方是同鄉關係，用「沾親帶故」的方法加深彼此的關係，會使你的拜訪抹上一層濃郁而親切的鄉情。

俗話說，美不美，家鄉水；親不親，故鄉人。故鄉，無論是富庶還是貧窮，都給人一種特有的情感。那裡有童年的夢幻、慈母的恩情、父老的希望、兄弟的純真⋯⋯

大鋼琴家蕭邦（Fryderyk Franciszek Chopin）說，他出國時攜帶的唯一貴重物品是家鄉的泥土；海外華僑不遠萬里，跋山涉水，也要歸國探親訪友，有的千古後還要落葉歸根⋯⋯人們對故鄉懷有特殊的親切感。拜訪中的沾親帶故，就是用這種美好的情感，去創造有利於達到目的的心理環境。

切勿讓客氣的言語「生產過剩」

說話恭敬，對人客氣，是一種美德。但不分青紅皂白的恭敬和過度的客氣，那就不太好了。

假如到一個朋友家裡拜訪，你的朋友對你異常客氣，你每說一句話，他只會一味的點頭稱是，唯恐你不高興。如此一來，你一定覺得芒刺在背，坐立不安，終於逃了出來，如釋重負。

這情形你大概經歷不少，同時你反過來想，自己曾如此對待過前來拜訪的對象嗎？

雖然是客氣，但是過度客氣顯然是給人痛苦的，己所不欲，勿施於人，就是這個道理。

開始會面時的幾句客套話倒不成問題，如果繼續說個不停就不太妥當了。談話的目的在於溝通雙方的情感，在於增加雙方的興趣，而客套話則恰恰是橫擋在雙方中間的牆，如果不把這堵牆搬走，人們只能隔著牆作簡單的敷衍酬答而已。

朋友初次見面客氣幾句過後，第二、第三次的見面就應竭力少用那些「閣下」、「府上」等名詞，如果一直用下去，真摯的友誼必會難以建立。過分客氣必會損害快樂的氣氛。

待人客氣是表示你的恭敬或感激，不是用來敷衍朋友的，所以要適可而止。多用就流於迂腐、流於浮華、流於虛偽。有人替你做一點小小的事情，譬如說：遞給你一杯茶。你說「謝謝」就夠了。要是在特殊的情形下，那麼最多說「對不起，這種小事也要麻煩你」就足夠了。但是有些人卻要說：「謝謝你，真對不起，我不該連這種小事都麻煩你，讓我覺得過意不去，實在太感激了……」等一大串，你在旁邊聽見也會覺得不舒服，可是你自己是不是也有這樣毛病呢？

說話的時候要真誠，像背公式滔滔不絕的客套話，最易使人討厭。

說話時的態度更要溫文儒雅，不可表現出急促緊張的狀態。還有，說話時要保持身體平衡，過度的打躬作揖，來讓你說客套話的表情更加真誠，並不是一個「雅觀」的動作。

平常對朋友說話不必太客氣，坦率一點，你一定可以享受到友誼之樂。

掌握主客間的空間距離

在拜訪中，對主客間空間距離的掌握，要考慮到雙方彼此間的關係、客觀環境的因素。

在澳洲，一對年輕的丹麥夫婦剛移居到悉尼不久，就被邀請加入當地的一個青年俱樂部。但是，幾個星期的接觸之後，該俱樂部的女成員開始討厭這個丹麥男子，原因是他太放蕩，對女人顯得過分殷勤。同時，該俱樂部的大多數男成員認為那位丹麥女子是水性楊花，覺得她正在不斷地向男人「示愛」，似乎想和任何男人「結交」。

其實，這是澳洲人的錯誤判斷。因為，歐洲人習慣「近距離」往來，而澳洲人則喜歡「中距離」往來。當丹麥夫婦依照自己的習慣進行「正常」的往來時，澳洲人則依照自己的傳統對此做出反應，難怪澳洲女性會認為丹麥男人「過分」，而澳洲男人卻「自作多情」了。

　　可見，掌握與具體拜訪對象的空間距離，是拜訪得以順利進行的重要因素。

　　拜訪比自己級別高的人，或握有某種權力、某種優勢的人，不宜靠得太近，至於嘻笑打鬧之舉更應避免。否則，對方就會認為你是與他「套近乎」，引起對方心理戒備，或讓對方瞧不起你，或者引起旁人的嫉妒等，都會影響拜訪效果。

　　我們常常見到這樣的鏡頭：有些人與他們的上級交談時，往往湊得很近，而上級的反應卻步步後退，或靠在椅背上，交叉雙臂於胸前等，上級之所以如此舉動，是因為這些人的所作所為，侵犯了上司的個人空間，創造了一個不和諧的交際環境，即所謂的「交際場」。所以，他採取一些行動，一方面暗示彼此之間的等級差別和疏密關係；另一方面對不和諧的交際場進行「微調」，以便在一個較為舒適的心理及空間環境中進行交談。

　　人與人交際過程中，主客體間的「距離」過近不好，過遠也不好。這種極端的做法都是不可取的。

　　如果拜訪對象是熟人、老朋友，彼此保持「過遠」的距離，就會使雙方都感到彆扭、不舒服，甚至還可能導致互相猜忌，產生誤會。久而久之還會影響你們之間正常的關係，甚至有可能演變到「視為路人」的地步。

　　總之，不論拜訪對象是陌生人，是朋友，還是上級，或者是自己不喜歡的人，都要注意交際的距離，既適應了社交環境，又便於傾心交談，從而達到較為理想的拜訪效果。

拜訪時應注意的事項

　　拜訪既有這麼多的好處，我們不妨在自己的生活計畫中，安排一定的時間，到朋友家裡拜訪。不過，為了保證拜訪的順利與成功，除了前面已經提到的注意事項之外，我們還應該注意下列幾方面。

- 既然到別人的住處拜訪，那麼就要對他的嗜好、風格、觀點以及生活習慣等等表示尊重，盡可能地去了解對方，盡可能地去欣賞對方所喜愛的事物。如果對方所處的環境使你非常不舒服，那麼，你可以提早離開，或是下次不再來拜訪。但在沒有離開之前，不要有任何不滿或厭煩的表現。因為這次拜訪完全是你出於自願，對方並沒有強迫你接受。但是如果能夠對於別人的興趣、風格等產生興趣，或有接受的雅量，那倒是一種容易和別人相處的好條件。

- 自己的儀容舉止都要加以檢視。即使來往頻繁、非常熟識，也不要粗心大意。有許多人最初給人的印象很好，更熟悉之後，就「不拘小節」起來。把自己的壞毛病、壞習慣、壞品格都展現出來，令人感到失望。所以，周全的禮貌，整齊的儀表，文雅的舉止、和藹親切的表情，謙虛誠懇的態度等，並不是流於表面，也不是虛偽做作，而應該把它們當作我們終身保持的修養，當作我們品格中不可缺少的一部分。我們應該在初次見面時，使別人對我們留有好印象，以及和我們相處之後，對我們的印象越來越好，而不是先好後壞或越來越壞。

- 我們去拜訪對方，盡量避免使對方不便、讓對方添麻煩，盡量做到對他有好處，沒有壞處。我們要多聽對方談話，做對方喜歡的事情，對對方的問題，有必要的時候提供一些意見，或是告訴他一些相關消息。如果在我們拜訪的時候，遇見對方有困難，我們就要盡力地去幫助他，替他解決或減輕他的煩惱。如對方家裡有病人，我們可以詢問一下他的病情，看看自己能否介紹一個很好的醫生，或是有效的藥品。如果對方需要旅行、運動或購買什麼物品，那麼我們就可以回想一下，自己有什麼知識或經驗可以提供給對方做參考。如果我們需要對方為我們解答問題，或是提供有益的意見，那麼我們除了向他真誠致謝以外，還要對他做相應報答，找機會為他服務。

- 關於在拜訪的時候是否應該攜帶一些禮物，那要看各地的風俗習慣，有的地方，每次拜訪都要帶一些禮物，像新鮮水果或糖果餅乾之類。有的地方，並沒有這種習慣，但如果對方家裡有小孩，不妨帶一些糖果餅乾或玩具去給他們的小孩。如果自己從外地旅行回來，有時，帶一些當地的土產送給對方，這通常是受歡迎的。不過，如果對方並不喜歡這一套習俗，那麼，就要尊重對方的看法，什麼東西都不必帶去。但是，如果是對方非常喜歡的東西，那就不妨買點送去，例如對方特別喜歡的食物、或是對方最喜歡搜集的郵票、標本等。如果你送去的物品是對方很難找到、求之不得的東西，那會給他帶來莫大的愉快。自然，友誼並不是專靠饋贈來維繫的，但適當的饋贈，也不失為發展友誼的一種方式。
- 拜訪的目的主要是發展友誼和維繫友誼，所以在言語態度上要特別小心，盡量不要傷害對方的自尊心。如果有什麼意見衝突之處，也要加以保留，有機會慢慢再談。更忌諱的是暴躁、粗魯、口出惡言，那就得到相反的效果了。
- 友誼的發展需要相當的時日，所以不要心急，也不要對朋友要求太多。一切都要自然地發展，如果你單方面的感情發展得太快，快到對方跟不上，那麼對方就可能對你產生猜忌和顧慮，反而不敢接近你了。

▌施予有度的送禮技巧

> 禮多人不怪。
>
> —— 俗諺

　　華人向來重交情，互相送禮便是友情的一種表現。這種禮尚往來，幾乎是華人的傳統禮節。同樣，外國人也非常重視送禮，但也有自己的方式。

　　那麼，什麼時候送禮呢？凡是逢年過節、婚喪喜慶……都可奉上一禮。

送禮在今日已成為社會的常規，幾乎是人人都有禮可送，也有禮可受。送禮已經成為一種生活習慣。所以，即使有人把這種習慣發揮得淋漓盡致——禮物送得滿天飛，大家也視為平常，所謂「禮多人不怪」。

可是，「送禮」並不是隨隨便便買件東西給人就可以敷衍過去的，其中學問很多。比方說，丈母娘生日、上司添丁、鄰居小孩考上大學、客戶有喜事等。該送什麼禮物？什麼時候送？都是有一定的說法的。

送禮的確是一種社交藝術，一份適時宜人的禮物能使你贏得更多的友誼，甚至可替你化解難題或助你青雲直上；相反，不合時宜的禮物，不僅無法表達你的心意，還會讓人覺得你庸俗、唐突，甚至有賄賂之嫌。所以千萬不可太隨意。

那麼送什麼東西給人最合適？怎樣送才能得體而富情意？才能達到「送者大方，受者實惠」這種皆大歡喜的境界？

張某的上司何主任過五十大壽，他為了討主任歡心，特地花一萬多塊買了一座精緻的座鐘，包裝得漂漂亮亮，前往何主任家祝壽。張某一到便恭敬地把禮物奉上：「主任，今天您過壽，這是我送您的小禮物，不成敬意！」何主任笑眯眯地說：「謝謝、謝謝，讓你破費了，什麼禮物，我瞧瞧！」他拆開一看，頓時大怒：「什麼意思，你是不是巴不得我早死？」張某呆愣愣地囁嚅道：「沒有啊，這話怎麼說呢？」何主任回答：「那你為什麼送我鐘（終），觸我的黴頭？」

送禮原是要獲得對方的歡心，但如果禮物不當，往往造成上述例子中的尷尬場面，所以，要避免這種情況，送禮必須當心。小心挑選禮物，才能收到皆大歡喜的效果。

除了應避免在別人的壽辰送鐘以外，在一般人的送禮習慣上，還有一些禁忌。譬如：最好不要送傘給朋友，因為傘與「散」同音，收到傘的人，會懷疑你在暗示兩人友情到此為止，除非你有此心，否則請勿造成不必要的誤

會。送刀劍給人更屬不當，往往令人產生很壞的聯想，法國人認為刀劍會切斷友誼，華人則說會破壞關係。此外，手帕象徵男女分手，如果你糊裡糊塗地將手帕送給女友，那就別怪她第二天不理你。綠帽子在華人眼裡是太太紅杏出牆之意，所以千萬不要送綠色帽子給已婚男性，萬一引起家庭糾紛，你的麻煩可大了。

那麼，到底送什麼才算恰當呢？首先你要弄清楚送禮的原因、受禮人與你的關係以及他的偏好等。送禮的原因很多，大致可分為兩種，一種是習慣上互送禮物的日子，如逢年過節；一種是特殊節日，如結婚、生子、生日、喬遷、升遷、畢業、出國等，每一種原因大都有約定俗成的禮物，如春節送臘肉、香腸、乾貨，生日送蛋糕、壽桃，結婚則送喜幛、傢俱等，如果能別出心裁，當然更受歡迎。

一般來說送厚禮總是令人有備受重視的感覺，但如果交情很淺，禮物太貴重反而讓人為難，收也不是，不收也不是。為避免弄巧成拙，彼此的分界必須掌握得恰到好處。再者，平時多注意親朋好友的喜好，一旦需要送禮，就可投其所好，送上一個小禮物，這樣，收禮人對你的細心體貼必然分外感激。

此外，送禮還須注意幾個問題：第一，別人送的禮物，不宜轉送他人，否則對原送禮人和受禮人都不禮貌。第二，最好不要在受禮人住處附近購買禮物，以免造成「臨時起意」之嫌，讓人覺得你缺乏誠意。第三，注意包裝。草率的包裝甚至沒有包裝的禮物，都會令人產生不受尊重的感覺。第四，送禮時絕不提錢，所以務必將禮品的價格標籤取下，否則對受禮人就太失禮了。

無論如何，禮雖有大小之分、輕重之別，但只要施送合適，就能收異曲同工之妙。貴重的禮品有其當送的對象，小小的禮物也自然有令人歡悅的地方，只是看如何贈送罷了，所謂「運用之妙，存乎一心」，就是這個道理。

看對象，送禮物

禮品價格符合常理，禮物內容也適合受禮者的身分地位，自然就「禮」所當然了。

自古「寶劍贈英雄，紅粉贈佳人」，送人禮物必須確知能讓對方感到滿意，才能肯定該份禮物的價值。如果將一雙嶄新的溜冰鞋送給老翁；買一隻貴重的瑞士手錶，贈予初次見面的朋友；或者送內向保守的教授一輛山地自行車……這些不恰當的東西，都得不到好效果。何況，男女老少有所分別，個人的愛好也不可能放之四海而皆準，購買前必須仔細考慮，才能為受禮人帶來無比的溫馨。

一般說來，過年過節送給長輩、上司、老師的禮物以符合時令的東西為最穩當，如前文所述的臘味、水果、糕餅、煙酒等。同輩的朋友、同事間，則比較不受拘束，可送應時物品，也可送對方欣賞或實用的物品；至於晚輩或小孩，則適宜選購年輕人喜好的用品或糖果、玩具。

至於上司對於下屬，或一般的司機、保姆、服務員、大樓管理員等服務性質的人，逢年節慶，可以用獎金代替物品，或是獎金之外再加一份小禮物，以感謝他們的辛勤工作，則更容易受到歡迎。

長輩過壽，最常見的是送蛋糕、壽桃、壽麵、豬腳，如果經濟許可，送布料好的服飾、保暖的袍子、防滑的浴鞋、甚至舒適的搖椅，凡是他需要的，都是合宜的禮物。上司、老師、同事、朋友過生日，蛋糕是最普通的禮物，但年年送蛋糕也太缺乏新意，可選擇一些較富趣味或有意義的禮物，如煙斗、打火機、高級酒、名畫或其複製品、幾罐好茶、幾本好書，甚至筆硯、圖章均可。晚輩的生日則以畫集、畫冊、文具、CD唱片等較為適合。

結婚是人生大事，交情深厚的親朋好友肯定要送一份厚禮才顯得夠意思。當然所謂厚禮並沒有一定標準，以你的能力範圍所做的最大支出即可算是厚禮。結婚時最需要傢俱和生活用品，如冰箱、電視機、洗衣機、沙發、

桌椅等，價格太高的物品可與人合送，如果結婚當事人什麼東西都已經有了，則一份厚厚的禮金將是最適合的禮物。至於泛泛之交，在去喝喜酒時，照一般行情送份禮金或與禮金數目相當的禮物就可以了，譬如咖啡杯壺、茶具、藝術燈、床單、床罩、毛毯等兩人均可使用的物品。

生孩子是人生另一宗大事，不論親疏都可贈送小孩的衣服或玩具，如果關係特別親密，可送小孩項鍊、戒指或長命百歲之類的金鎖片。禮物雖是送給小孩，但實際上是獲得大人的歡心。

其他如喬遷、升遷、出國、畢業，則沒有特定的禮物，一般說來喬遷可送家庭用品，出國、畢業可送紀念品。

如果你實在想不出應送什麼禮物給人，可以先到街上逛逛，最好到禮品專賣店去參觀一番，有時會有意想不到的收穫。禮物不在輕重，只要花了心思為送禮的對象選擇禮物，必然可以收到良好的效果。

一位有心人在朋友出國時，送了一把泥土給他。一把泥土表面上不值一文錢，但其中所含的叮囑深意，送禮人不需直言，對方即可明白。這是一般人想不到的別致之禮。

送禮有時也不必限於年節或特殊日子，擁有一份巧思，則隨時可送。比如某人逛街時，看到一雙古意盎然的硯臺，聯想到毛筆字寫得不錯的上司，便買了下來。第二天即以不卑不亢的態度說：「昨天我逛古董店，看到這方硯臺，你一定會喜歡，所以買來送給您！」如此細心，不用說，日後上司對他必另眼相看。

又如你出國回來，送一枚鵝卵石給喜愛收藏小玩意的朋友，並附一便條：「這是我在希臘海邊撿到的，知道你會喜歡，所以帶它飛過一萬八千里，使它物得其主。」對方當然喜之不禁，逢人便誇，此後你來我往，也自然格外密切。

俗話說：「千里送鵝毛，禮輕情義重」，所以，一份厚禮，不見得受人歡迎，一份薄禮，也不見得沒有誠意，只要送得有意義，即可以大受歡迎。

衣著得體動人心

最得體的服裝應該是一種恰到好處的協調和適中。

—— 笛卡兒（Renatus Cartesius）

不得體的衣著會引起人們的反感，給人留下相當不好的第一印象。比如，一位教師如果以「西部牛仔」或「舞女」的打扮走上講臺，肯定不會受到學生的尊敬，即使課講得再好，水準再高，也難以改變這一狀況。另外，「愛美之心，人皆有之」，美觀得體的衣著，往往會先讓人感到賞心悅目，產生與他繼續往來的願望。「先敬羅衣後敬人」這一古語雖說從道德上講有所欠缺，但它畢竟是一個我們無法改變的現實的社會觀念。其實這也是情有可原的，因為對方要了解你的「內在本質」還要經過一段時間，而體現一個人的個性的衣著卻讓人一目了然，留下一個直觀的印象。

得體的穿著，並非是穿上價錢昂貴的衣服，有時正好相反，一味追求華麗富貴，反而給人庸俗的印象，關鍵是要整潔大方，能體現人的內在。現在有許多公司對所屬員工的著裝都有「規定」，而它並不是說要穿得好看或布料的好壞，關鍵是要符合審美的要求。

服飾要做到兩和諧。一是服飾與人的身體、相貌、年齡、性格等因素和諧，另外服飾與時間、氣候、場合、職業等也應和諧。

得體的穿著能改變人，使人變得較為英俊、瀟灑，或亮麗動人。但是只有先認識自己、了解自己，才能強調自己、裝扮自己，透過「著裝設計」達到取長補短的效果，創造「自我」的風格。

如果家裡有一面全身鏡，請你現在就走到鏡子前。不要整理頭髮，不要換衣服，也不要任何裝飾，就這樣走過去，邋遢就邋遢吧！把自己當作別人，好好地瞧瞧鏡中的「他」：從頭到腳不能放鬆，也不必過於苛求，自己看到的是什麼樣子的人？

　　還有，不要把眼睛對準某一點，不用管單一的胸圍、腰圍、臀圍以及手或腳怎麼樣，只要看整體的感覺就夠了，就好像別人看你那樣看看自己，也許就會發現 —— 鏡中的人，年齡20多歲，五官端正，舉止雖不像電影明星，但也足夠了，就是衣著不雅。

　　這樣的缺陷其實很容易掩飾，你需要為新形象描繪一張藍圖。只有用這種心情來改善自己，自己獨特的氣質才能慢慢地培養出來。

　　有一位軍人出身的企業家，他的穿著常給人一種雄赳赳氣昂昂的感覺：深色西裝加上深紅色領帶是他的經常打扮。由於長年在部隊養成的著裝習慣，不論什麼樣的環境，不論什麼樣的季節，他的著裝總是一絲不苟，使每個朋友一見到軍人都會很快地聯想到他。

著裝應得體與個性相容

　　我們的社會地位和自我形象，常因不同的生活方式、工作環境而有所差別。在這種情形下，我們該如何選擇自己的形象？如何穿著成自己所希望的模樣？或是別人能欣賞的那種類型？這是很難兼顧的事。

　　人的個性很難定為幾個特定的形態，但是，在穿著的表現上，主要有四種類型，下面簡要闡述這四種類型的特色。

- · **休閒型**：逍遙自在、神氣、幽默感十足、外向。在別人眼中，是個不在乎名利的人，喜歡大自然景觀。
- · **保守型**：沉穩、冷靜、傳統。在別人看來，忠實可靠，可成就大事，喜歡較單調枯燥的工作。
- · **典雅型**：自制、世故。看起來像一位氣質高貴的人，愛好從事優雅、輕鬆的工作。
- · **冒險型**：膽大、主動、自負。似乎常有一些離奇古怪的事能讓他碰見，

因而別人常會懷疑：「奇怪，他哪來這麼多精力，可以去應付那麼多事？」這種人喜歡有挑戰性、高風險的行業。

自己是哪一類型的人呢？很可能看了這些類型之後，更搞不清自己的形象了。這是很正常的，因為對每一個人來說，個性上的分類並不是絕對的，它只是參考，提供出來比較和選擇而已。如果你終於可以穿出一種「風格」，那麼就是得體的穿著了，換種說法就是，你的類型已確定了。

穿著的藝術就是如果喜歡休閒型，但你並不是一定要休閒的打扮，你只要在一兩處強調重點，讓別人感受到即可。當你逐漸熟悉自己以及適合自己的服飾之後，你就可以慢慢找到購衣穿衣的竅門。

衣著是「人和」的第一要件

所謂「人和為貴」，衣著正是最得「人和」的第一要件。所以，穿著如果不能適應環境的要求，很可能就會被摒棄在環境之外；即使硬是擠進其中，也會被圈內人排斥。因此，穿衣就像是一個人入境隨俗的問題，換言之，就是恰當地穿出自己的「身分地位」，使自己融入到周圍的環境中。

何況，服裝可以彌補身體上的缺陷、強調身體上的美點、增強當事人的權威，並激發他人的認同、減低對方的敵意，獲得對方的贊同。但如果不懂得透過服裝來展示自己，很可能就會得到相反的效果，所以無論是從事哪一種職業，對著裝問題都不可等閒視之。

一個人一生難免會受到自己身世背景的影響，只不過所受影響的程度不同而已。我們不但不能選擇那來自父母的遺傳因素，對自己在成長過程中所必須面臨的環境以及家庭社會背景，一般也沒有多少選擇餘地。

因此，氣質除了天然生成以外，和後天的教養更有著密切的關係，而代表教養、儀態最直接的方式，便是我們的衣著。所以，對著裝的講究，是一

個人必須注意的一件大事。當然，所謂的講究並非指服裝要名貴，而是要符合自己。

　　今天的社會雖不會像戲劇裡那樣嚴格地用服裝來象徵職業和地位，但是也不至於毫無章法可循。如在銀行業工作的人穿比較保守的全套西裝，才能給客戶一種穩重可靠的印象；而從事文藝工作的明星，則必須穿得新潮些，才能吸引別人的注意。

・ **服飾也要適合形體**：人有高矮之分，體形有胖瘦之別，膚色有黑白之差等，因此，穿著打扮，就得因人而異，注意揚長避短。人瘦不要穿黑衣裳，人胖不要穿白衣裳；腿長的女人穿黑鞋子合適，腿短穿白鞋子好看。橫條紋的衣服胖人不能穿，橫條紋的衣服胖人穿上，視覺誤差讓胖人顯得更寬了。胖子要穿直條紋的，直條紋的錯覺讓人顯得長，橫的讓人顯得寬。

・ **服飾要適合年齡和身分**：人的衣著服飾同一個人的地位、身分和修養連在一起，為獲得良好的初次印象，穿著上一定要注意與身分、年齡相符。不同的年齡應有不同的穿著打扮。中老年人穿一身深色服裝，透著沉著、穩重、端莊、成熟，而年輕人要是這身打扮，就顯得老氣橫秋、暮氣沉沉。年輕女性在社交場合穿粉紅色、淺綠色洋裝，讓人感覺朝氣蓬勃、甜美可愛，但穿在發福的中老年女性身上就不大適宜。不同的身分也應該有不同的著裝。一個從事演藝的人打扮得時尚一點，人們會覺得比較正常，但一個中學生塗脂抹粉、穿著妖豔就是不合身分的打扮了。因此，我們平時要注意穿著得體、整潔，盡力為自己給人的第一印象加分。

・ **服飾要適合穿著環境**：到什麼季節換什麼衣服本是人之常情，但現在在正式場合，更需注意讓著裝適合環境。也許在炎熱的夏天，參加像產品

展示會，即使就是在辦公室，氣溫有點高，在這種較嚴肅的場合也得穿上正裝，絕不能穿 T 恤、短褲一類的便服。反之，在冬天，再感覺冷，也不能穿著羽絨衣一類的外套在辦公室裡出入，寧可在西裝內多穿一件發熱衣。

- **服飾要適合場合**：服飾應該與環境協調，穿衣打扮要適合場合，就像不能穿運動裝、休閒服去參加學術研討會一樣，無論穿戴多麼亮麗，如果不考慮場合，也會被人恥笑。如果大家都穿便裝參加公司新年聚會，你卻穿禮服就不太妥當。在正式的場合以及參加各種儀式，甚至出國旅遊時，要顧及傳統和習慣，順應各國一般的風俗。去教堂或寺廟等場所，不能穿暴露或過短的服裝；而聽音樂會或看芭蕾舞，則應按當地習俗著正裝。國際上穿衣講究，TPO，T 是時間 (Time)、P 是地點 (Place)、O 是對象 (Object)，也就是說穿衣打扮要注意場合，分清地點。從時間上說，白天服裝應素雅，晚上服裝則可豔麗。從地點上說，工作場所服裝要正規，非工作場所服裝可以隨意一些。從內容上說，喜慶活動服裝要歡樂一些、哀悼活動服裝要肅穆一些、旅遊服裝要輕便一些、隆重儀式服裝要正規一些。

▌舉止優雅品味高

有一種毫不做作的良好教養，每個人都能感覺到它，但只有那些天性善良的人才付諸實踐。

—— 查斯特菲爾德 (Philip Dormer Stanhope)

一個人的言談舉止是自身素養在生活和行為方面的反映，是反映現代人品味的一面鏡子。

華人自古以來就對人的姿態和舉止有「站如松，坐如鐘，行如風」的

要求。正確而優雅的舉止，可以使人顯得有風度，有修養，給人以美好的印象；反之，則顯得粗俗，甚至失禮。

有些人雖然儀表堂堂或是外表亮麗，但是舉手投足便顯俗氣，令人生厭。因此，在交際活動中，要給人留下美好而深刻的印象，外在美固然重要，而高雅的談吐和舉止則更讓人喜愛。這就要求我們在平時舉手投足間，都要有意識地鍛煉自己，養成良好的行為姿態，做到舉止端莊、優雅得體、風度翩翩。

優雅舉止的基本要求，是指人們在日常生活、工作、學習和社會交往中，站、坐、行等一些基本動作應具備的禮儀規範。

站有站相

人的正常站姿，也就是人自然直立的姿勢。其要求頭正，頸直，兩眼平視，嘴、下頜微收；雙肩平且微向後張，挺胸收腹，上體自然挺拔；兩臂自然下垂，手指併攏自然微屈，中指壓褲側縫；兩腿挺直，膝蓋相碰，腳跟併攏，腳尖張開；身體重心穿過脊柱，落在兩腳正中。從整體上形成優美挺拔、精神飽滿的體態。

坐有坐相

人的正常坐姿是在身後沒有任何依靠時，上身挺直稍向前傾，膝關節平正，兩臂貼身自然下垂，兩手隨意放在自己腿上，兩腳間距與肩寬大致相等，兩腳自然著地。在正式社交場合，即使背後有依靠時，也不能隨意把頭向後傾靠，以免顯得懶散。理想的坐相就是我們常說的「坐如鐘」。

在日常生活中，我們當然不可能時時處處都像上面所說的那樣端莊穩重。但為了坐姿的正確優美，還是應該注意以下幾點。

1. 落座後兩腳不要分得太開，女性這樣尤為不雅。
2. 兩腳交疊而坐時，懸空的腳尖應朝下，切忌上下抖動。
3. 與人交談時，勿將上身向前傾或手撐下巴。
4. 落座後應該安靜，不要東張西望，給人不安分的感覺。
5. 坐下後雙手可相交放在大腿上，或輕搭在沙發扶手上，但手心應向下。
6. 如果座位是椅子，不可前俯後仰，也不能把腿架在椅子或踏在茶几上，這是非常失禮的。
7. 端坐時間過長會使人感覺疲勞，這時可改成側坐。
8. 在社交或會議場合，入座要輕柔和緩，坐姿要端莊穩重，不可猛起猛坐，弄得座椅亂響，造成緊張氣氛，起身站立時，更要小心別帶翻桌上的茶杯等用具，以免尷尬。

總之，坐的姿勢除了要保持腿部的美觀、背部挺直以外，還應做到輕鬆自如、落落大方，顯得文靜優美。

走有走相

行走的姿勢是每個人最基本的行為動作，也是行為禮儀中必不可少的內容。人行走的時候比站立的時候多，且行走多半在公共場所進行，所以，應該非常重視行走的姿態，以能給人以輕鬆優美的形象。

人的正常行走應當是身體挺立，兩眼直視前方，兩腿有節奏地向前邁步，並大致走在一條等寬的直線上。行走時要求步履輕捷，兩臂在身體兩側自然擺動。走路時步態美不美，是由步伐和步位決定的。如果步伐和步位不合標準，那麼全身擺動的姿態就失去了協調的節奏，也就失去了自身的步韻。

總之，走路的正確姿態應當是輕而穩，胸要挺，頭抬起，兩眼平視，步伐和步位輕鬆自然，不做作。

鍛煉出優雅的舉止，將高雅的一面充分展示出來，會讓形象高出幾分。

不在人前打呵欠

當你和別人談話時，尤其是當對方正在滔滔不絕地高談闊論時，而你在一旁感到有些疲倦了，一定要忍住不把你的嘴巴大大地張開。

在社交場合，在人前打呵欠容易給別人留下不耐煩的印象。

當你留給別人這樣的印象時，那麼你先前的言行舉止很可能都被看作是虛偽的自我炫耀。為什麼呢？因為你只對自己感興趣，而不把別人放在眼裡。

不要以為你疲倦了打個呵欠是很自然的，但是，別人永遠都不會這麼想。

不在人前掏耳挖鼻

有些人手癢，只要他看見什麼可以用，就拿過來掏耳孔挖鼻子，似乎裡面藏有許多寶物一樣。

尤其是在餐廳裡，大家正在飲茶、吃東西的時候，挖鼻孔、掏耳朵之類的不雅之舉，往往讓旁觀者感到噁心，無心再吃下去，甚至會因此而反胃嘔吐不止。

這個小動作可能讓自己感覺很舒適，但在別人看來，則是非常失禮的。即使你真的癢得難受一定要解決時，不妨暫時離開並表示歉意。此時此地實在不宜做這些小動作。

不在他人面前抖動雙腿

我們經常發現有人在坐著的時候，雙腿猶如痙攣般地不停顫動，有時還伴隨著上身的搖晃，連頭也不可避免地動了起來。而此時，他的表情往往是很洋洋自得的，絲毫不顧及他人的感覺。

沒有人會喜歡這種吊兒郎當的人。雙腿顫動不停，不但令對方視線不舒服，而且也給人以情緒不安定的感覺。

這時，你的儀表再瀟灑也會在瞬間蕩然無存了。

繫好拉鍊和鞋帶

這種疏忽，是種難以寬恕的疏忽。鞋帶忘記繫上或是男性的褲子拉鍊忘記拉上，在大庭廣眾的場合，無疑是件非常有傷大雅的事。

留的長指甲中不要有汙垢

留長指甲可能是一種癖好，但也有一些人卻疏於修剪，而且他疏於清理指甲內的汙垢，這就是十分失禮的。當和對方握手或者自己取煙、用筷時，半月形的指甲汙垢赫然在目，實在不雅之極。

不要用「喂」來喊人

打電話時，經常「喂」一聲，這時不妨用一聲「早安」或者是「您好」等禮貌用語，然後再說下去。

但是有些人，平時見到朋友也像接電話一樣先「喂」一聲，這就有失禮貌了，應該以姓名稱呼招呼對方才對。

我們也常見有些人問路，也是「喂」一聲。雖然對方是路人，為了禮貌起見，也應該說一聲「你好」、「請問閣下」……

一個言行舉止有教養的人，猶如一塊強力的磁鐵，不斷地吸引他人走近自己。

▌智慧錦囊：學點敬語與謙詞

> 要是你想要達到自己的目的地，你必須用溫和一點的態度向人家問路。
>
> —— 莎士比亞

在適宜的場合，適當地用一些傳統的敬語與謙詞，能夠顯示出一個人的修養，讓對方產生好感。如：

初次見面說「久仰」，久別重逢說「久違」；
請人批評說「指教」，求人原諒說「包涵」；
求人幫忙說「勞駕」，求人方便說「借光」；
麻煩別人說「打擾」，向人祝賀說「恭喜」；
請人看稿稱「閱示」，請人改稿說「斧正」；
求人解答用「請問」，請人指點用「賜教」；
托人辦事用「拜託」，讚人見解用「高見」；
看望別人用「拜訪」，賓客來至用「光臨」；
送客出門說「慢走」，與客道別說「再來」；
陪伴朋友用「奉陪」，中途先走用「失陪」；
等候客人用「恭候」，請人勿送叫「留步」；
歡迎購買叫「光顧」，物歸原主叫「奉還」；
對方來信叫「惠書」，老人年齡叫「高壽」；
自稱禮輕稱「菲儀」，不受饋贈說「反壁」。

上面這些客套話，都屬敬語和謙詞，如能恰當運用它們，會讓人覺得你彬彬有禮，貌若君子，很有教養。它可以使互不相識的人樂於相交，熟人更加增進友誼；請求別人時，可以使人樂於提供幫助和方便；發生矛盾時，可以互相諒解，避免衝突；洽談業務時，使人樂於合作；在批評別人時，可以使對方誠懇接受。

在稱呼方面也要注意一些問題：

稱呼長輩或上級可以用老先生、老太太、叔叔、阿姨、嬸嬸、伯伯等；

稱呼平輩可以用哥、姐、先生、女性、小姐等；

詢問對方姓名可用貴姓、尊姓大名、芳名（對女性）等；

詢問對方年齡可用高壽（對老人）、貴庚、芳齡（對女性）等。

敬語中，「請」字功能很強，是語言禮儀中最常用的敬語，如「請」、「請坐」、「請進」、「請喝茶」、「請就位」、「請慢用」等。「請」字帶來了人際關係的順利進展，交往的順利進行。

謙語就是自謙的話，使用正確的謙語，能使對方與自己的距離縮短，為彼此的談話奠定友好的基礎和融洽的氣氛。在社會上與人相處時，如果不會正確使用恰當的謙語，就會對自己造成不利的影響，引起別人的猜忌、困惑或反感，甚至使別人誤會了自己的好意，從而給人留下不佳的印象，因此要格外謹慎地使用謙語。

謙語較敬語數量要少一些。如謙稱自己用在下、鄙人等。

謙稱家人可以用家父、家母、家兄、舍妹、小兒、小侄、小婿等。

當言行失誤之時，說「很抱歉」、「對不起」、「失禮了」、「不好意思」等。

請求別人諒解之時，可說「請包涵」、「請原諒」、「請別介意」。

有些敬語或謙語是把日常使用語進行文雅化的修飾，而使之成為日常通用的謙讓語。比如，把「我家」說成「寒舍」，把「我到你家」說成「我去拜訪您」，把「請您看看」說成「請您過目」，把「我認為」說成「依我淺見」，把「您收下」說成「請笑納」等，都是這樣的。

家中有客人來訪時，端出茶點向客人說：「你吃不吃？」這是很無禮的，應該泡茶一杯，說：「請您嘗嘗看。」或說：「請您慢用。」這才較為合適。

值得注意的是，敬語和謙詞不可濫用。如果大家在一起相處很久了，特別是非正式場合中，有時就可不必多用謙讓語。熟人之間用多用濫了謙讓

語，反而會給人一種迂腐或虛偽之感。

　　當然在平時，即使你是率直、不拘小節的人，對別人說話時也應盡量注意禮貌及謙和的態度，如此習慣性地以誠懇的口吻說：「請」、「謝謝」、「對不起」、「您好」、「麻煩您」、「抱歉」、「請原諒」等謙讓語，必定會讓他人對你心生好感。

第五章　說話圓融　水到渠成

▌聊一聊如何聊天

人生不外言動，除了動就只有言，所謂人情世故，一半是在說話裡。

—— 朱自清

　　柴米油鹽式的聊天，是我們說得最多的一些話題。聊天看似平常，卻是社交中俘獲人心的一大利器。聊得來的人，距離迅速拉近，感情立馬升溫。

　　聊天一般都是沒有一個特定的話題，天馬行空，可以由小孩吵架聊到美伊開戰，可以從繡花針聊到原子彈。但是在尋找話題的時候，最好不要涉及政治與宗教信仰這兩個主題，因為這類話題最容易引起激烈的爭辯，而將原來的輕鬆場面一掃而空。最好談一些小的、不重要的事情。

　　人們在聊天這件事上最容易犯的錯誤，就是一見面就從對方所從事的工作談起。我們總以為，和醫生談開刀、和運動員談打球、和商人談生意經、和國會議員談政治是「天經地義」的事。殊不知，他們一年到頭做同樣的事情，已經夠煩的了，如果你在業餘時間或休閒時間還談及這類事情，肯定會讓對方心煩意燥。美國前任總統甘迺迪（John Fitzgerald Kennedy）最討厭和別人談政治，可是偏偏許多人都找他談政治，還自以為此舉可以討好他。

　　那麼，到底應該談哪些事情呢？最好的辦法，就是經常閱讀報紙和一般性的雜誌，以增加各方面的常識。不然，除了「你好嗎？」「今天天氣不錯啊！」之外，接下來你就不知道要聊些什麼了。

　　「沉默是金」在社交場合根本行不通，而且是非常不禮貌的。反之，善於打破沉默、談笑風生、能帶動會場氣氛的人，走到哪裡都會受到大家的歡迎。這種人不會讓會場沉默太久，也不會讓「無聊分子」一直強迫別人聽他的訓話。這種人懂得適時轉變話題，讓大家都有臺階下。社交活動的目的，就是要讓話題一直繼續下去，使得賓主盡歡。

以下八點建議，可以幫助我們增加聊天的技巧。

1. 在和朋友的聚會當中，不要站在一個地方不動，總是沉默不語，你最好往人群聚集的地方去，聽聽他們在談些什麼，這樣你也有機會發表意見。等到有趣的話題談得差不多的時候，再找個藉口離開，另尋聊天的對象。這種遊擊式的方法，很容易找到真正可以聊天的對象，也可以認識更多朋友。

2. 如果是家庭式的聚會，勢必要坐著聊天。這時，你有「義務」和左右及對面的人聊天，不要冷落任何一個人。還有，在主菜上來之前，不要把聊天的話題一下子用光了，免得上了菜之後大家都只光顧著說話了。一位女性非常懂得聊天的技巧。她和初次見面的女性聊天，很喜歡用類似的問題來開場白：「你戴的這串項鍊（或手鐲、戒指）真漂亮，是別人送的，還是……」當然，被她問到的女性都樂意訴說得到這串項鍊的故事。

3. 千萬不要講「不好笑」的笑話。講笑話一定要看場合及對象，如果你沒有把握，乾脆等著聽別人講笑話好了。

4. 聊天的話題是否有趣，所談的一定要是每個人都熟悉的人和事物。如果你談的是一個誰都不認識的人，必然引不起大家的興趣。

5. 千萬不要說：「你們看，站在角落的那個人穿得有多醜，而且他的臉還動過整容手術。」說不定聽眾當中，就有這位談論對象的朋友。

6. 如果你發覺聽眾已經不耐煩了，最好趕快閉嘴，聽聽別人的高論，不需要硬撐下去。

7. 在生活中，幾乎每一位男性都喜歡聽到別人說他很風趣，每一位女性都喜歡別人稱讚她很漂亮。

8. 有些雜誌是很好的話題。一般說來，談自己的孩子，還不如談你養的小狗。

▌談話該如何發球與接球

一人之辯重於九鼎之寶，三寸之舌強於百萬之師。

—— 劉勰

　　談話的基本形式是提問和回答，而提問在談話中則占主導地位，不論是談話的開始，還是高潮的連續，要想獲得成功，首先必須善於提問。不論是記者採訪、醫生問診、教師講課、市場交易，還是夫婦交談、日常閒聊……好的提問可能引導對方講話，給對方提供講話的機會，克服講話過程中的沉默局面，啟發對方思考某一個問題，了解對方在某個問題上的真實想法。

　　提問就好比乒乓球賽裡的發球，看似平常實則內有乾坤。要闡明自己的主張、闡述自己的意見，讓對方關注地傾聽自己的論述，使其理解、同情，進而接受、支持自己的主張，無疑需要一些良好的提問技巧。人們就常用「查戶口」的比喻來諷刺那些僵化的、一問一答的講話。死板生硬的提問不僅不能起到提問應有的功能作用，甚至會完全窒息友善的講話空氣，破壞講話的氣氛，使講話難以進行下去。

　　在國際新聞界，義大利著名女記者法拉奇（Oriana Fallac）能嫻熟地運用提問藝術進行採訪，她在《採訪歷史》一書中談到了一次採訪何梅尼的經歷。

　　法拉奇採訪何梅尼（Ruhollah Khomeini），伊朗方面製造了許多障礙，甚至提出法拉奇必須身著伊斯蘭婦女的黑色長袍、木屐，並把臉和身體都蒙起來等，並威脅不這樣做，何梅尼將拒絕接見。法拉奇從內心對這種以宗教名義實行強迫命令的做法很不滿，但為了達到這次採訪的目的，她還是勉強地穿上了一套伊斯蘭婦女的服裝。但在與何梅尼見面後，她卻根據自己身上的服裝挑出了關於伊斯蘭婦女的地位問題。

　　法拉奇激動地說：「他們要我披上這片長紗來見您，您堅持所有女人都必

須披上這片長紗。請告訴我，您為什麼強迫她們掩蓋自己？全被捆在那些不舒服而怪誕的服裝裡面，讓人工作和行動感到不便！」

訪問這樣迅速進入了主題。

可見，要問得巧，必須做到善於針對場合、對象，有針對性的提問。比如，你可對小朋友問：「你幾歲啦？」但對老年人卻不宜這樣直直的發問。對一個四十多歲的中年人你可以直接問：「您多大了？」但這遠不如問：「您三十幾歲了吧？」再如你可以對一個人問：「您在哪裡工作？」「怎麼樣，一個月薪水多少？」「家裡有多少人呢？」……這是你關心尊重對方的表現。但你若是這樣問一個歐洲人，他會產生誤解，認為你這是打聽別人私事的不友好行為。提問看對象，因為被問人有各種各樣。有人沉默寡言、有的文靜、有的急躁、有的大大咧咧、有的謹慎多疑、有的高傲、有的謙虛、有的誠懇、有的狡點……性格不同，氣質各異。因此在提問的方式上也應有相應的變化：或單刀直入、或迂迴進攻、或敞開發問、或試探而行。

適應對方的心埋，在交往過程中，提問的人、提問的內容、提問的方式，甚至提問行為本身都會對被問人的心理產生一定的影響。如有家咖啡店賣的餐點，可以加雞蛋。店員在出售餐點時，常問顧客：「你要雞蛋嗎？」後來，一位心理學人際關係專家建議改為問：「您要加一個雞蛋，還是要加兩個雞蛋？」結果，銷售額猛增。又如，第二次世界大戰後的日本有許多商店因欠缺人手，想減少送貨任務，有的商店就將「您自己拿回去呢，還是給您送回去呢？」的問話改為「是要替您送回去呢，還是您自己帶回去呢？」結果奏效，顧客聽了後一種說法，大都說：「還是我自己帶回去吧。」既達到自己的目的，又不違背禮貌服務的原則。

在很多情況下，我們的提問不是要對方解釋，往往是要對方聽自己表達，順著自己的思路附和自己的觀點。這時，掌握一定的語言技巧，就能達到控制對方的回答。

　　孟子批評齊宣王不會治國，但他不直接抨擊，而是採用步步設問的方法，讓他順著自己的思路做出肯定的答覆，最後服從自己的思想。孟子問：「假若您有一個臣子，他把妻室兒女託付給他的朋友照顧，自己到楚國去了。等他回來時，他的妻子兒女都在挨餓受凍。對這樣的朋友，該怎麼辦呢？」齊宣王回答道：「和他絕交。」孟子於是回答：「假若管刑罰的上司不能管理他的部下，那該怎麼辦呢？」齊宣王回答說：「撤掉他！」孟子接著發問：「假若一個國家裡政治搞得很不好，那又該怎麼辦呢？」齊宣王這時只好「顧左右而言了」。在這裡，孟子善用步步設問的語言技巧，讓對方順著自己的思路，最後附合自己的觀點。

　　我們同樣可以採用有些異曲同工之妙的誘導提問法，即用一個問句誘導對方說出自己要他說的話，然後接過話頭，表達自己要表達的思想。如在電車上，一位先生給一位打扮入時的漂亮小姐讓座。這位小姐一聲不吭地就坐下了。先生惱這位小姐金玉其外、敗絮其中，便稍一皺眉，問道：「嗯，您說什麼？」「我沒說什麼呀！」「哦，對不起。我以為您說『謝謝』呢。」在這裡，先生的提問是為了引出自己後面對女方的批評，顯得含蓄而不失分寸。如果這位讓座的先生直接說：「給你讓了座，連個謝字都沒有。」那必然會讓別人誤以為他小肚雞腸，一點雞毛蒜皮的小事也斤斤計較。而一個簡單的誘導設問，不僅含蓄地對女性不懂禮貌提出批評，而且很好地表現了自己的風度。

　　由此可見，在交談中，問什麼、怎麼問、會不會問、大有學問。提問要問得好、提得巧，對方才能答得好、答得妙，回答你想得到的東西。和人交談正像和人打乒乓球一樣，而提問則恰似打乒乓球時的發球，打一個漂亮的發球，直接影響後面對局面的控制；一個好的提問，直接影響到整個交談的效果。

如果把提問比作打乒乓球時的發球，則回答是接球與扣球。一個人在社交場合上能否縱橫捭闔，不但要具有好的口才，還要有發球與接球的技巧，這樣才能問得好，也答得好。

善借於物

戰國時代的墨子和他的學生子禽曾有這樣一段對話：「老師，話說多了好？還是少好？」墨子回答說：「池塘的青蛙日夜不停鳴叫，可有誰去理會呢？雄雞在天亮時只叫一兩聲，就引起了人們的注意。」墨子巧妙地引用青蛙和雄雞作對比，說明了話不在多而在精的道理。

善借於物這種方法其實就是透過兩類具有某種連繫的事物進行對比，以求回答得生動、具體，而又別開生面。

一位演講者在回答聽眾關於他對男女關係的看法時是這樣作答的，他說：「男人，像這個大拇指（做手勢）；女人，像這個小指頭兒……」這一下子，全場譁然，女聽眾們強烈反對他的這種比喻。這位演講者不慌不忙接下被打破的話：「女士們，人的大拇指粗壯有力，而小手指卻纖細、靈巧、可愛，且常常能『四兩撥千斤』，這些妙處，不知哪位女士不想要，卻想顛倒過來？」一句話平息了聽眾的憤怒，一個個相視而笑，心悅誠服了。

適時裝聾作啞

在談話過程中，如果處境不利而又無計可施，什麼也不便表態，也不能表態，在這種情況下，可以適時地裝聾作啞，避免落入對方設計的圈套以致更加被動。這也是一種回答，是一種很高明、特殊的回答。

美俄英三國首腦在波茨坦會談。一次休息時，美國總統杜魯門（Harry S. Truman）有意對史達林（Ioseb Besarionis dze Jughashvili）透露，美國已研製出一種威力極大的炸彈，即暗示美國已擁有原子彈。這時，邱吉爾

（Sir Winston Leonard Spencer-Churchill）也兩眼死死盯著史達林的面孔，觀察反應。而史達林卻好像什麼都沒聽見，未顯露出絲毫異常的表情。其實，他聽得很清楚，當然也聽出了杜魯門的弦外之音，儘管自己當時內心焦灼不安。會後，他告訴莫洛托夫：「加快我們的研製速度。」這就是一個典型的：「有時還不得不裝聾作啞，為了在某些關鍵問題上能占上風。」

也許是這件事給了邱吉爾有益的啟發吧，已七十九歲的邱吉爾參加百慕大的英美法三國首腦會議。他為了迴避某些難題，就藉口年事已高，裝作沒聽見，不予回答。而在他感興趣的問題上，就與美法兩方討價還價，一點也不聾了。他這種時而聾啞、時而正常的做法使與會者頗感頭痛。美國總統艾森豪（Dwight David Eisenhower）曾幽默地說：「真沒辦法，裝聾作啞成了這位大演說家的新式武器了。」

明辨是非，機智巧答

在很多情況下，對方的問題如果是不對的，是個陷阱，這時你必須明辨是非、機智巧答，而不能不加思索、信口開河。

黑格爾（Georg Wilhelm Friedrich Hegel）在《哲學史講語錄》中舉過這樣一個例子：有人故意問梅內德謨，他是否已停止打他的父親？這顯然是一個刁蠻無理的問語，若不假思索，簡單地回答「是」與「否」，就會正中他人下懷。機智的梅內德謨回答道：「我既沒有停止，也從來沒有打過。」在這裡，梅內德謨看出對方的不懷好意，抓住問題中含敵意的關鍵，否定了問語本身。

這種需要明辨是非、機智巧答的提問常出現在一些涉及政治、國家利益的重要的外交場合，這時，要求我們對提問要慎重提防，抓住問語含敵意的內容，打破提問者的圈套。如果不明辨是非，便等於承認了這些，這實際上是一個圈套。所以，我們在回答問題時，首先必須明辨是非，然後方因由作答。

因為答總是以問為前提的，因此，到底運用什麼樣的技巧作答，要看對方提問的內容、方式、態度，以及對話的環境、場合。比如，一位家長問老師：「我孩子成績怎麼樣？」老師回答道：「要是能抓住重點，他成績可以更好。」這樣的回答就婉轉、得體，既避免了家長失面子，也避免了有的家長遷怒孩子。《孫子兵法》說：「兵無常勢，水無常形，能因敵變化而取勝者，謂之神。」讀者在運用作答的各種技法時要具體問題具體分析，這樣才能有的放矢，擊好每一個來球。

見什麼人說什麼話

我可以依靠別人對我說的一句好話，快活上兩個月。

—— 馬克·吐溫（Mark Twain）

我們說話的對象是社會上的各種人，具有不同的年齡、性別、性格、脾氣等，並各有不同的思想認識。每個人所處的地位不同，對同一事物的理解是有差異的，說話的分寸也就要根據各種人的地位、身分、文化程度、語言習慣來做不同的處理。例如在日常生活中，對同輩人與對長輩（或上級）、對陌生人與對知己、對不同性別的人說話都應講究分寸，考慮到聽者的接受程度。

比如有這樣兩個句子：

· 這件事是你不好，去跟對方賠禮道歉。
· 這件事我們也有不對的地方，還是去跟對方說清楚吧。

兩句話其實是同一個意思，但前一句說得較直率，有勸誡的口吻，比較適合長輩對後輩（如老師對學生），或者知己之間表達。第二句話婉轉多了，如對人稱的處理就很巧妙。他對對方不直稱為「你」，而用「我們」。

其實說話者不一定介入這件事，只是為了把話說得婉轉或表示自己與對方更貼心。另把「賠禮道歉」說成「說清楚」，也是為了避免使用刺激性的字眼，使對方更容易接受。可見，後一種也是勸，但不是勸誡，更多的是請求，比較適合後輩對長輩，關係不太密切的人或者對一些自尊心很高的人說，這樣就有分寸了。

說話一定要講究對象。俗話說：「到什麼山唱什麼歌，見什麼人說什麼話。」說話不看對象，不僅達不到托人辦事的目的，往往還會傷害對方。反之，了解了對方的情況，即使發表一些大膽的言論，也不會對對方造成傷害。

看對方的身分地位

如與上司說話，或是探討工作，就應該盡量用「請教」的語氣。向上司多請教工作方法，多討教辦事經驗，他會覺得自己受到尊重。所以，在工作中、在辦事過程中如有不明白的地方應主動去問上司：「關於這事，我不太了解，應該怎麼處理？」或「這件事依我看來這樣做比較好，不知您有何看法？」

上司一定會很高興地說：「嗯，就照這樣做！」或「這個地方你要稍微注意一下！」或「大體這樣就好了！」如此一來，我們不但會減少錯誤，上司也會感到自身的價值，有了他的幫助和支持，後面的事情就好辦得多了。

戰國時期著名的縱橫家鬼穀子曾經精闢地總結出與不同身分的人交談的辦法：「說人主者，必與之言奇，說人臣者，必與之言私。（意思是：與上司說話須用奇特的事打動他，與下屬說話，須用切身利益說服他。）」在今天，這對我們仍有一定的指導意義。

針對對方的特點

《論語》上講了這樣一件事：一次，子路問孔子：「學了禮樂，就可以行動起來嗎？」孔子說：「有父兄在，怎麼就行動起來呢？應當先聽聽父兄的意見才好。」接著冉有問同樣的問題時，孔子卻說：「好啊，學了禮樂，就應該馬上行動起來嘛！」孔子的另一位學生公西華對此疑惑不解，就此向孔子請教。孔子說：「冉有這個人平常前怕狼後怕虎的，要鼓勵他勇往直前。而子路好勇過人，有點魯莽，應當讓他冷靜點。」孔子能做到因材施教，因人而異，不愧為傑出的教育家、口才家。

與人交談不但要看對方的身分、地位，還要看對方的性格特點，針對他的不同特點，採取不同的說話方式，這樣才有利於解決問題。比如，對方性格豪爽，便可以單刀直入；若對方性情遲緩，則要「慢工出細活」；若對方生性多疑，切忌處處表白，應該不動聲色，使其疑惑自消等。

鬼穀子指出：「與智者言依於博，與博者言依於辯，與辯者言依於要，與貴者言依於勢，與富者言依於豪，與貧者言依於利，與卑者言依於謙，與勇者言依於敢，與愚者言依於銳。（意思是說，和聰明的人說話，須憑見聞廣博；與見聞廣博的人說話，須憑辨析能力；與地位高的人說話，態度要軒昂；與有錢的人說話，言辭要豪爽；與窮人說話，要動之以利；與地位低的人說話，要謙遜有禮；與勇敢的人說話不要怯懦；與愚笨的人說話，可以鋒芒畢露。）」

重視對方年齡的差異

對年輕人，應採用煽動的語言；對中年人，應講明利害，供他們斟酌；對老年人，應以商量的口吻，盡量以尊重的態度。

考慮職業的差異

　　不論遇到從事何種職業的人，只要運用與對方所掌握的專業知識相關的語言與之交談，對方對你的信任感都會大大增強。

考慮文化程度的差異

　　一個人的文化教養與語言理解能力也密切相關。這就要求說話時要善於根據對方知識水準而選用合適的話語表達。如果不看對象，隨意用詞，就不能取得預期的效果。如某幼兒園大班的一位小朋友，見媽媽留客人吃飯，便也抓著客人的衣角。客人問小朋友有什麼好「招待」的，小朋友只是瞪著眼望著。客人忙改口說：「你有什麼好吃的？」小朋友這才「巧克力、餅乾、口香糖……」一口氣說了好多。這裡用「好吃的」取代「招待」，正是適合小朋友的知識水準、理解能力。一般來說，對於文化程度低的人所採用的方法應簡單明確，多使用一些具體的數字和例子；對於文化程度高的人，則可以採取抽象的說理方法。

考慮興趣愛好的差異

　　凡是有興趣愛好的人，當你談起有關他的愛好這方面的事情來，對方都會興致盎然。同時，對你無形中也會產生好感。因此，如果能從此入手，就能為下一步的談話打下良好的基礎。

讓人情味「直達」對方心中

> 我相信當命運的最後鐘聲響起，在夕陽將逝的黃昏裡，從風平浪靜的殘
> 存岩石中漸漸消失時，仍然存有一種聲音，那就是人們微弱但無盡的細
> 語仍在交談著。
>
> —— 威廉‧福克納（William Cuthbert Faulkner）

人都是有感情的，在真情面前也要被軟化的。「男兒有淚不輕彈，只緣未到傷心處」，說的就是感情的力量。所以，含有人情味的話語往往是最容易打動人心的。

美國原總統布希（George Herbert Walker Bush）在 1998 年與對手杜卡基斯（Michael Stanley Dukakis）對壘競選總統時，之所以能戰勝強敵，很大程度上因為他在電視辯論中的講話比他的對手更富於人情味。最典型的一段對話是 1988 年 10 月 24 日，美國《紐約時報》在電視公開採訪布希和杜卡基斯所說的。這次公開辯論，是兩人在大選中殺得難解難分的最後時刻，是最後一次在投票前曝光在美國選民前。在最終決戰的時刻，在大眾面前，誰的形象塑造得好，誰就能贏得更多選票。所以布希和杜卡基斯都對這次公開辯論異常重視，不敢掉以輕心。

當記者問「你如何對付這些困難？」

杜卡基斯這樣回答：「1978 年，我在競選麻省民事黨州長候選人時落選，我感到十分痛苦。我知道，是我自己造成這次選舉的失敗。我沒有去責備別人。然而，沒有痛苦就不會前進，我從中悟出了不少道理　　雖然失敗了，但失敗卻豐富了我的人生。有幸的是我有一個非常幸福的家庭，我想假如你也有同樣痛苦的時刻，那麼你的家庭將會給你強而有力的支持。」

布希說：「我的孩子的死是我迄今生活中最痛苦的時刻。有一天，醫生對我們說：『你們的孩子得了白血病。』我問他，這是什麼意思。醫生告訴我

們：『這意味著她就要死了。你們必須決定，如何對她進行治療。或者讓她聽憑自然走完這個過程 —— 這樣的話，她大約能活三個星期。』假如我們決定，不給她任何醫治任其死去，那麼我們會感到極大的痛苦。然而醫治她，卻要使這個幼小的孩子承受各種痛苦，我們實在於心不忍。但是，在我那堅強的妻子的幫助下，在溫暖和諧的家庭支持下，我增強了信念，很好地處理了這件事。我的女兒又活了六個月。當然，要是在今天，她可能多活好幾年。」

　　兩相比較，杜卡基斯的話顯然令人乏味，而布希則說的極富人情味。布希雖然說的是一件傷心的事，但由於話語中含有人人 —— 廣泛處於社會各個階層各個角落的父母子女都能體會到的濃烈的親情，就像加過糖的咖啡一樣，儘管底味有點苦，卻恰到好處地托出了糖味的甘甜。布希的話成功地讓選民覺得他是個可敬可親的富有人情味的人，與杜卡基斯相比，他是總統更為合適的人選。由於布希這段極富人情味的話贏得了不少善良選民的心，使本來與布希不相上下的杜卡基斯的形象在選民中急轉直下，最後滿懷遺憾地落選。由此可見，人情味在社會語言中很重要。人的感情總是可以相通的，只要不是自作多情，無病呻吟，在社交場合與人交談時，我們就要恰如其分地使自己的話帶有人情味，讓人覺得你的話像加過糖似的，親切、甜美而又切實可信。

　　我們在一開始進入社交場合，就得不斷地提醒自己：在整個交談的過程中，都應帶有濃濃的人情味。俗話說「良言一句三冬暖」。古代大思想家荀子也說過：「與人善言」，正是我們提倡的話語中所要講求的人情味的真諦。

　　在擁擠的火車上，一位疲憊不堪的婦女，帶著一個四五歲的孩子站了很久，也沒有人讓座。孩子指著坐在旁邊的一位男人對媽媽說：「媽媽，我累了，你跟這位叔叔說說，讓我坐一會兒吧。」媽媽輕聲地對孩子說：「媽媽

知道你是一個非常懂事的好孩子，叔叔也很辛苦，也很累，再堅持一會兒吧。」一番話說得男人再也坐不住了，站起來說：「小朋友，你來坐吧，叔叔不累。」這樣，男人主動讓了座。

媽媽的話為什麼有如此巨大的感染力？原因就在於她的話語能夠克己諒人，充滿了對別人旅途艱辛苦累的深深理解，有一種濃厚的人情味。話不多，情卻濃。實際效果是很明顯的。

在人際交往中，人情味常以其產生的巨大征服力和凝聚力而備受青睞，給咖啡加點糖，給我們的談話加點人情味，這樣的語言將深得人心，何樂而不為呢！

▌良言一句三冬暖

一滴蜜所俘獲的蒼蠅，遠遠超過一隻蒼蠅拍。

—— 西方諺語

世事紛擾，人生不易。誰都難免有心情憂鬱、沮喪傷懷之際，同時，我們也應該互相慰藉，相攜走出頹唐。事實上，一句恰當的鼓勵，一聲適時的讚許，說到他人的心坎上，能讓一個人對你終生感激。

由衷的讚許

由衷而簡潔的讚許，往往是最意味深長的鼓勵。如果時機掌握得當，就是輕輕地點頭打招呼，也有鼓舞人心之大用。有位足球教練，他要求隊員在自己進球得分時，一定要對傳球給他的隊友笑一笑、眨眨眼，或者點點頭，以示讚許或謝意。一位隊員不以為然：「那他要是並沒有在注意我，這麼做不是白搭了嗎？」而教練卻肯定地說：「我敢保證他一定會注意著你的。」

得體的安慰

　　第二次世界大戰後期的一次大戰役期間，艾森豪（Dwight David Eisenhower）在歐洲前線。一天，他在萊茵河散步，看到了一位神情黯然的士兵，將軍不失時機地跟他打了招呼：「你心情不太好啊，孩子。」年輕人回答道：「將軍，我心裡緊張得要命。」「哦 —— 這麼說我們成難兄難弟了，因為我心裡也挺緊張的。我們一起走一走？也許這能讓你我的心情都好一些的。」

　　將軍的話裡沒有說教，也沒有訓誡，然而這才是最暖心的話語。

真誠的鼓勵

　　馬克在校時非常仰慕一位老師，似乎在他的言談舉止中，無處不洋溢著一種爽朗、智慧、自信的風采。馬克很是欽佩，立志做個像他那樣的人。可一段時間之後，馬克就消沉了，感到他是高不可及的。

　　也許看出了馬克的情緒不太對勁，有一天，這位老師向馬克講了自己的過去 —— 失敗的過去。原來，他也有過多次的灰心喪志，甚至差點中途放棄！聽了他的一番話，馬克終於意識到，他正是一個和自己並無二致的凡人。馬克永遠不會忘記他的話：「人生並不是一陣百米衝刺，而是一場馬拉松長跑，得勝者必定是你我一般的跑不快但又不停下腳步的人。」

適時的讚美

　　老念叨些陳詞濫調，是難以激勵人心的。真正能鼓舞人心的話語應該像一封精心措辭的信件，或者正可用信來傳達。惠特曼（Walt Whitman）的詩作問世後長時間裡遭到冷落，這幾乎讓他萬念俱灰。但這時他收到了一封信。

　　「親愛的先生，你所饋贈的大作《草葉集》，我十分看重。深以為這是美國有

史以來智慧與機巧的極致。對你在詩壇上的良好開端，我表示由衷的敬意。」
—— 這是 R‧W‧愛默生 (Emerson) 寫來的。

馬克‧吐溫曾說，我可以靠別人對我說的一句好話，快活上兩個月。—— 這是極有意思的。其實，你我又何嘗不是如此呢？

讚美需要創新

要有新發現，才有好讚詞。千篇一律的讚美，或總是用幾句固定的話、陳舊的方式，是不會達到讚美的效果的，而且容易使人生厭。由於話語過於平淡，而不能引起對方的情感波動，就不可能博得人心。

在社交的過程中，有的人常常抱怨不知道該讚美他人什麼，因為他們似乎太平凡了。但實際上，再普通的人也一定有他獨特的地方，只是別人沒有發現罷了。因此在讚美他人時，要善於變化角度，發掘別人沒有發現的優點。只有做到這一點，你才能稱得上是一位真正的讚美高手。

一個人或許在工作中沒有什麼特點，但玩撞球卻很厲害，或者歌唱得不錯，都可以進行讚美。因為很少有人會注意到他的這些不為人知的專長。俗話說：物以稀為貴。你的讚美內容對被讚美者來說，越是少見的，則越是可貴的。

美國有一位黑人商人，在與一位白人做生意時，那位白人竟不遵守自己的諾言，遲遲不將貨款付給他，且有賴帳的跡象。這位黑人於是打電話給白人，他說：「先生，我爺爺也是一個生意人，他曾經告訴我，在南北戰爭以前，白人是很少向黑人許諾的，但一旦許下諾言，無論怎樣都會兌現；因此，我一直很相信您的為人，相信您一定不會忘記自己說過的話。」透過這樣一番交涉，黑人竟輕而易舉地拿到了全額的貨款，從而免了上法庭打官司等一系列繁瑣的事情，獲得了不可預知的後果。

有一位攝影師在為一位女明星拍照，女明星對著鏡頭有些不自然。攝影

115

師在拍照前的十幾秒鐘對她說：「小姐，你的耳朵真漂亮，我從來沒有見過這麼漂亮的耳朵。」平時女明星被人誇的地方太多了，已經習慣了。但是，此時聽到居然有人讚美她的耳朵，以前連她自己都沒有發現，她趕緊摸摸自己的耳朵。當她自然地把手放下時，攝影師的快門已經按下去了。攝影師在關鍵的時候讚美別人不注意的地方，這很容易得到意想不到的效果，面對客戶更要如此。

其實，攝影師的做法，就是憑著自己的一雙慧眼，抓到了別人沒有注意的東西，避開人們經常關注的焦點，得到「曲徑通幽處，巧語至誠心」的最佳效果。

卡內基在一篇叫〈激發人類潛在的高貴動機〉的文章裡寫道：「我們每一個人都是理想主義者，都喜歡為自己做的事找個動聽的理由。因此，如果要改變別人，就要找一個能打動人心的理由。」他還說：「平鋪直敘地報告事實真相是不夠的，必須使事實更生動，有趣而戲劇化地表現出來，才能有效地引起別人的注意。」

我們在與人打交道時，應該用全新的、細緻的讚美去戲劇化地向他們報告事實，引起他們聆聽的興趣，那樣更宜獲得他人的好感。

安慰溫馨如花

人們大多熱衷於錦上添花而忽視雪中送炭。事實上，當別人順風順水時，是不大需要也不大看重「錦上添花」的，而當別人在挫折與痛苦當中時，你的「一小塊木炭」也能讓他感到溫暖並且銘記終身。

給處在逆境中的人送去安慰吧。安慰如雪中送炭，能給不幸者帶去溫暖、光明和力量。人們對這個世界充滿了希望、充滿了溫情，就是因為有

安慰。

怎樣去安慰別人

我們時常得到別人的安慰。同樣，安慰別人也是我們應盡的義務，可是如何安慰呢？

一位朋友生病了，你到醫院或他家裡去看望。也許會說：「安心休養一陣子吧，你一定會康復的。」你大概以為這是最妥善安慰別人的話。但按照溝通的藝術來看，這句話不過是一種善意的祝福，不能算是安慰。

那麼應該說些什麼呢？

如果你的朋友是一位殘疾者不能走路，但卻有說話的精力，那麼你去探問並不一定要說安慰話，因為那些話他聽得太多了。病床上的生活是最枯燥的，說些外面有趣的新聞，一些幽默的話題，讓他從你的探問中得到一點愉快，這就是給他最大的安慰。

不要囉嗦地直接問病人有關他的病情和治療方法，他也許已經對別人說過一百次了，為什麼你還要麻煩他呢？關於這些事情，還是問他的家人吧，不要以為直接問病人是表示你的關心，其實這是騷擾他的另一種方式。

假如你一定要說幾句安慰的話，那麼第一不要裝成憐憫他的樣子，沒有幾個人會接受別人的憐憫，因為你越憐憫他，越使他覺得自己的疾病是一種痛苦。所以我們要用相反的方法。有一位朋友生病了，臥在床上不能起來，另一位朋友去看望，他一見面就說了這樣的話：「你多麼好啊，我也想生點小病，好讓我也能安靜地躺在床上休息幾天。」聽了這些話，這位朋友想起每天忙碌而繁重的工作，便會為了自己因病能暫時擺脫一切而私下慶幸起來。朋友的幾句話便使我覺得生病並不是一件痛苦的事情。

另外有一次，朋友又去看一個傷寒病者，臨走的時候，他對病人說：「你的危險期已過。好了之後你永遠不會再次得傷寒，你比我們多一重保障了。」

我相信這話一定會深深地給病人帶來安慰。

安慰一個死者的家屬，最好的方法還是不要提及死者，讓他忘記了那些無可挽回的不幸是最妥善的安慰，沒有必要為了表示你的惋惜而重新提起別人的哀傷。

但有些人卻在深深的悲痛中似乎不願、也不能忘記那不幸的事。那麼聽聽富蘭克林（Benjamin Franklin）的話吧：「我們的友人和我們像被邀請到一個無限期的歡樂筵席裡。因為他較早入席，所以他就比我們先行離席。我們是不會如此湊巧地同時離席的。但當我們知道我們遲早也要跟他一樣地離開這筵席，並且還一定會知道將在何處可以找到他時，我們對於他的先走一步為什麼要感到悲哀呢！」

生死似乎是一個謎。要是能把謎拆穿了，讓對方能夠「悟」出來，使對方能不再苦惱，這就是安慰的目的。

在日常生活裡，需要安慰別人的機會很多。一個朋友承受不了痛苦而哭了起來，不要立刻過去勸他不要哭，這不能解決他的痛苦。讓他好好地大哭一場，讓他的悲傷找到了宣洩的方法之後，幾句勉勵的話勝於千百句勸他不要哭的話。

安慰是同情和鼓勵

對別人的不幸表示同情，也是給別人安慰。「這又不算什麼！何必為這種事情煩惱呢？」如果僅能說這兩句，而不能進一步解釋為什麼這算不了什麼，那麼還是不說為好。對方覺得這個問題使他很苦惱，你不僅沒有安慰他，反而使他不高興。他心裡一定會說：「你懂什麼！你只會說風涼話，難道我是為了不值得的事情自尋煩惱嗎？」

所以安慰的必要條件還是同情。「我明白你的痛苦，不過在人生的過程中，偶然的苦惱是難免的，我們不能希望四時皆春，大自然的規律註定了我

們的生活必須有嚴冬。今天雖然下雨，明天陽光依舊會照耀大地。」這樣的話，不是比譏笑別人說他為小事煩惱更為得體嗎？

但是最巧妙的安慰方法還是在安慰中帶著鼓勵之意。有一位作家向一位朋友訴苦，說他過了十年的筆墨生涯，至今還無力去購買一張寬大的書桌，使自己能舒適地工作。他的朋友聽了，卻平靜地說了句比一般的同情更為深摯的話，他說：「世界上的偉大傑作皆是從小書桌產生的。」

這寥寥幾個字，使這位作家立刻覺得無限的寬慰，朋友的話使他不因書桌狹小而沮喪，相反，又重新找回了自己的自尊心，使他看到未來的光明。

▌忠言也要順耳說

有些責難可能是恭維，有些恭維可能是誹謗。
—— 拉羅什福科（François de La Rochefoucauld）

讚美他人，固然容易招人喜歡。但若只知道一味地說別人的好話，別人對你的喜歡最多也只是表面的。想要加深他人對你的喜歡，你必須在對方犯錯前或犯錯中，給予提醒、規勸。

良藥苦口利於病，忠言逆耳利於行。說「逆耳」之忠言，固然是一種美德。但虛懷若谷、從善如流的人是不多見的，如果不問對象、不分場合地一味使用「逆耳」之忠言，很容易把人際關係弄僵，有時甚至反目為仇。

科技在進步，現在的不少良藥已經不再苦口了，我們的忠言是否也應與時俱進，讓其順耳一些？

魏太祖曹操的二兒子曹植才思敏捷，聰明能幹，很得曹操的寵愛，他下決心廢掉太子 —— 長子曹丕，而立曹植。

廢長立幼在封建社會被認為是政治生活不正常的事情，往往會引發動亂不安，所以大臣們總要力爭，往往不惜獻出生命。這種情況下，做皇帝的人

也往往不願意聽從臣子的意見，雙方會鬧得很僵。曹操也是這樣，自己下了廢長立幼的決心，便不再願意和臣子討論這件事。

有一次，曹操退下左右侍從的人，引謀士賈詡進入密室，向賈詡問話，賈詡卻沉默不語。曹操再問，賈詡還是不答。這樣一連幾次發問後，曹操生氣了，責問賈詡：「和你講話卻不回答，到底為什麼？」

賈詡回答：「對不起，剛才正好考慮一個問題，所以沒有立即回答。」

曹操追問：「想到了什麼？」

賈詡答：「想到了袁本初、劉景升父子。」

曹操大笑，決心不再廢長立幼了。

袁本初、劉景升父子是怎麼回事呢？為什麼曹操聽到這樣簡單的一句話就會回心轉意？袁本初即袁紹，是東漢末年崛起的大軍閥，占據了青、幽、並、冀四州，成為北方最大的割據者。袁紹有四個兒子：譚、尚、熙、寶。袁紹認為二兒子袁尚長得像自己，有心培養他為接班人，留他在身邊，而把其他幾個兒子放為外任，讓他們一人領一個州。大兒子袁譚不服氣，於是弟兄兩個各自組成一個派別，彼此爭鬥，勢如水火。袁紹死後，曹操坐收漁人之利，各個擊破了袁譚、袁尚。

劉景升即是劉表，東漢末任荊州牧，成為一方霸主。劉表和妻子都喜歡小兒子劉琮，想立他為後嗣。最有實力的將領蔡瑁、張允攀附劉琮，結為死黨。劉表把長子劉琦趕出去，到江夏做了太守。許多大臣便尊奉劉琮為劉家繼承人，於是弟兄兩個結下怨仇，終生不和。

袁紹、劉表都廢長立幼，釀下了苦酒，這些事情又都是剛剛發生過的，「前車之覆，後車之鑑」，曹操為自己長遠的政治利益考慮，自然願意接受批評，改正原來的決定。

賈詡並不是不知道爭太子是一件難度極大的事情，他也不可能不提前做

周密的考慮，設想多種方案。他對曹操開始的提問不予回答，難道真的是聽不見？賈詡只是為了使曹操發問，自己為自己製造一種說話的環境而已。曹操一追問，賈詡便很自然地托出自己早已想好的話。

曹操下定了決心另立太子，賈詡的忠言可謂「逆鱗」。怎樣讓忠言既達到正面的效果，又免招曹操的不快，這是一個難題。對這個難題，賈詡用一個巧妙的類比，讓曹操心服口服。由此可見，忠言也可順耳說。

讓忠言順耳，達到好的效果，可參考如下幾個方法。

1. 說話要溫婉和藹，不可使用偏激的字詞，或使人聽了不舒服的字眼：
   「你真糊塗，這件事你完全弄錯了！」
   這種態度是無人可以忍受的。無論父親對兒子，雇主對屬員，後者雖服從前者，但心裡仍舊不會服氣的。

2. 說話時先要表示理解對方錯誤的原因，使對方減輕思想壓力，同時也減少了羞愧的心理，然後再溫和地指出產生錯誤的原因，改正的方法和今後的防範措施等。

3. 指正的話說得越少越好，只需一兩句使對方明白了就可轉到別的話題，不可囉嗦，使對方陷於窘境，導致心生反感。

4. 對對方辦的某件事當中不妥的部分必須加以指正，但對其正確部分亦須加以充分的肯定，這樣對方會因你的公平而心悅誠服。

5. 若想說服對方改變自己的主張，最好能設法旁敲側擊地說服他，使你的想法悄然灌輸給他，使他覺得是他自己主動修正的，而不是由你強加於人。

6. 對於那些無可挽救的過失，不可多責問。讓犯錯者知道即可，下一次他必會更小心，多餘的指斥只會令其心生惡感。

7. 應注意糾正對方的問題時的技巧，用商量式的語氣，比用命令的口吻好得多。「你不應該在一棵樹上吊死！」就不如說：「我覺得可以找劉科

長，看有沒有辦法？你覺得這個方法如何？」

8. 用聲東擊西的方法。如孩子的數學成績很差。期末考試後，學校的成績報告單寄來，父親打開一看，數學只考了五十七分。孩子在旁邊早就心裡發慌，可是他父親卻若無其事地說：「數學分數那麼低，大概是學校填寫錯了吧！」

這個孩子的計算能力雖然較差，但自此以後，他的算術再也沒有不及格過。那位父親的話可謂是最好的糾正方法了。因為他保護了孩子的自尊心，同時再加上一種警告：「學校不會連錯兩次的」，他還為孩子以後努力趕上去留有餘地，使孩子在下一個學期中奮發補救。

招人反感的五種話

> 酒逢知己千杯少，話不投機半句多。
>
> —— 《增廣賢文》

話說得有水準，自然招人喜歡。那惹人反感的談話方式表現在哪呢？

喋喋不休，獨占談話時間

許多朋友在與人交談中，總將自己放在主要位置，自始至終一人獨唱主角，喋喋不休地推銷自己，滔滔不絕地訴說自己的故事。有個名人說過，漫無邊際、喋喋不休無疑是在打自己付費的長途電話。這樣不但不能表現自己的交談口才，反而令人生厭。「一言堂」不能交流思想，不能增進感情。交談時應談論共同的話題，長話短說，讓每個人都充分發表意見，留心別人的反應，這樣才能融洽氣氛。正如亞歷山大‧湯姆所說：「我們談話就像一次宴

請，不能吃得很飽才離席。」

尖酸刻薄，喜歡和人爭論

言談交際中有時免不了爭辯，但善意、友好的爭辯更能促進彼此間的了解，活躍交際環境，起到調節氣氛的作用，有時一場精彩的爭辯會令人蕩氣迴腸，齊聲喝彩。但是尖酸刻薄、烽煙四起的爭辯會傷害人，導致心情不爽、望而生畏、敬而遠之。因為尖刻容易樹敵，如果在言談中出現四面楚歌、群起攻之的局面，自己的處境就可想而知了。

逢人訴苦，散播悲觀情緒

在人的生涯中，每個人都會遇到挫折和苦難，但每個人對待的方式不同，有的人迎難而上，有的人知難而退，有的人卻將苦難帶來的愁苦傳染給別人，在眾人面前大吐苦水，以獲同情。交際中一味地訴苦會讓別人覺得你沒魄力，沒能力，會失去別人對你的尊重。

無事不通，顯得聰明過人

言談中，談話的內容往往涉及天文、地理、歷史、哲學等古今中外、日月經天、江河行地般的話題。如果在交談中表現「萬事通」，到時定會打自己的嘴巴，砸自己的腳。因為交談是互相了解、互相交流的方式，而不是表現學識淵博、見識廣泛的舞臺。更何況老子曾說過：「言者不知，知者不言。」交談中什麼都說的人未必什麼都知道。

空話套話，就是不講實話

大多數的孩子都喜歡肥皂泡，被吹出來的肥皂泡在陽光下閃耀著色彩豔麗的光澤，實為美妙。隨著五彩泡泡的不斷升高，接著一個接一個紛紛破

碎。所以人們常把說空話喻為吹肥皂泡，真是恰當不過。對一些充滿各種動聽、虛幻誘人的詞句，細細咀嚼即沒有任何實在的內容，是遲早會破滅的。

說話的目的是為交流思想，傳達感情。因此，交談總得讓對方知道你心中要表達的是什麼。只要開口，不管是洋洋萬言，還是三言兩語，不管話題是海闊天空，還是一問一答，都應使人一聽就懂。一些人慣用一些現成的套話來代替自己的語言。三句話不離套詞，顛來倒去那麼幾句，既沒有思想性，更沒有藝術性，令人聽後形如嚼蠟。

央視有個一度受觀眾喜歡的欄目，叫「實話實說」。其受觀眾喜歡就是因為說實話，不說空話套話。

▌給不善言談的人開三劑藥方

一句話說得合宜，猶如金蘋果落在銀網裡。

—— 西方諺語

最近有位朋友和我開玩笑，說他是「嘴力勞動者」 —— 他是某電臺主持人。他告訴我，其實在上大學前，他是一個不敢當眾說話也不善說話的人，他成為主持人，除了苦練說話外，還邁過了三個坎。

說話緊張的坎

不少人在眾人面前說話時，表情十分不自然，除了容易怯場之外，還常常說出幾句自己也沒想到的不合適的話或詞彙，這令他們自己也大為吃驚。其實，導致這種現象出現的原因主要是缺乏心理準備和實際訓練，透過下列訓練法完全可以克服。

· **努力使自己放鬆**：說話緊張的人大都是想要說話時呼吸紊亂，氧氣的吸入量減少，頭腦一時陷於痴呆狀態，從而不能按照所想的詞語說出來。

在某種意義上說，「呼吸」和「氣息」是一個意思，因而調整呼吸就是「使氣息安靜下來」。

說話時發生不正常情況通常是這樣的順序：怯場 —— 呼吸紊亂 —— 頭腦反應遲鈍 —— 說支離破碎的話。因此調整呼吸會使這些情況恢復正常。

說話時全身處於鬆弛狀態，靜靜地進行深呼吸，在吐氣時稍微加進一點力氣。這樣一來，心就踏實了。此外，笑對於緩和全身的緊張狀態有很好的作用。微笑能調整呼吸，還能使頭腦的反應靈活，話語集中。

· **練習一些好的話題**：在平時應酬中，我們可以隨時注意觀察人們的話題，哪些吸引人而哪些不吸引人？為什麼？原因是什麼？自己開口時，便自覺地練習講一些能引起別人興趣的事情，同時避免引起不良效果的話題。

· **訓練迴避不好的話題**：哪些話題應該避免呢？從你自身來說，首先應該避免你不完全了解的事情。一知半解、似懂非懂、糊裡糊塗地說一遍，不僅不會為別人帶來益處，反而給人留下虛浮的壞印象。若有人對你發起提問而你又無法回答，則更為難堪。其次是要避免你不感興趣的話題，試想連你對自己所談的話題都不感興趣，怎麼能期望對方隨你的話題而興奮起來呢？如果強打精神故作昂揚，只能是自受疲累之苦，別人還可能看出你的不真誠。

· **訓練豐富話題內容**：有了話題，還得有言談下去的內容。內容來自生活，來自於你對生活的觀察和感受。我們往往可以從一個人的言談看出他豐富的內涵及對生活的熾烈感情。這樣的人總是對周圍的許多人和事物充滿熱情，很難想像一個冷漠而毫無情致的人會興致勃勃地與你談街上正流行的一種長裙。

· **訓練語言方式**：詞意是否委曲婉轉？話題是否恰到好處？言談是否中

肯？是否掌握要領？口齒是否清晰？說話是否不犯嘮叨瑣碎的毛病？說話音量大小？說話速度不急不緩？話中是否不帶口頭禪？說話是否簡潔有力？措辭是否恰如其分、不卑不亢？話中帶多餘的連接詞？說話是否真實具體？是否能充分表達說話目的？言談時是否能設身處地為對方著想？說話是否心無旁鶩、專心一致？話中是否含有自我吹噓成分？是否滔滔不絕地說個不停？是否出口傷人？是否能真誠地與人寒暄客套？說話是否能參酌量情？是否能掌握說話技巧？是否能巧妙掌握說話契機？是否能專心一意地聽人說話？

雖然，我們在和人應酬交談當中，不可能時時都能使對方感到既愉快又有趣，但是訓練有素的談話方法的確能幫你贏得社交中給人留下的好印象。在公共場合與人交談是一種社會行為，像其他社會行為一樣，談話也有一定的規矩，要做個談話高手，都應該遵從。與人談話，哪些可說，哪些不可說，也都有很多講究。

關於這些，我們將其歸納為以下幾項：不談對方深以為憾的缺點和弱點；不談上司、同事以及一些朋友們的壞話；不談人家的祕密；不談不景氣、手頭緊之類的話；不談一些荒誕離奇、淫穢的事情；不詢問年齡、婚否、家庭財產等事情；不訴個人恩怨和牢騷；不述一些尚未明辨的隱衷是非；避開令人不愉快的疾病詳情；忌誇自己的成就和得意之處。

羞怯怕醜的坎

一說話就臉紅，一笑就捂嘴，一出門就低頭，這是許多天性羞怯者的共同表現。雖然屢下決心總是不能大見成效，怎麼辦呢？這裡有一張專治羞怯心理的社交處方，可作參考。

想像自己是完美的化身。這是許多名模、明星在表演之前慣用的技巧，

這也同樣適用於工作職場，面對大客戶或提案前，先靜坐，心中默想曾有的愉悅感受，回想曾經聆聽的悠揚樂章，愈具體效果愈好。以從容的態度走入每間屋子。昂首闊步，抬頭挺胸，彷彿一切都在你的掌握之中。學習你所仰慕的人所有的美好特質，只要她（他）具備你所希望擁有的特質，都無妨模仿。

大膽表現自我，把自信心視為肌肉，需要定時持之以恆地鍛鍊，如果稍有懈怠，它很快會鬆弛。改善外表，換一套乾淨的衣服，去理髮店做個造型，這些辦法會使你覺得煥然一新，因而增強自信。

進行想像練習。想像自己正處在最感羞怯的場合，然後設想自己該如何應付。這樣在腦海裡把自己害怕的場合先練習一下，有助於臨場表現。

逐漸接近目標，可以減少焦慮。掌握害怕的根源和知道害怕時會有的生理反應，如冒冷汗或呼吸急促，當它們出現時你就可以透過一些放鬆的小技巧克服它。說話時語氣要堅定。沒有自信的人都有說話過於急促、細聲細氣的毛病。說話的訣竅在於音量適中、語調平穩，速度不緩不急，此舉顯示你對說話的內容信心十足，利用呼吸換氣時斷句，內容則顯得流暢有條理，切忌以疑問句結束陳述事實的語句，以免影響語氣的堅定。

專心傾聽別人的講話，例如在輪到你講話之前，先專心聽別人怎麼講。一來可以分心，不再一心掛念自己；二是當你講話時，別人也會專心聽你的。

多提「問答題」少提「是非題」，可以使你處於主宰的地位。技巧多加演練，如要出席一個舞會，就在事前先練習一下當前流行的舞步，可以減少尷尬。

多找你不認識的人談話，如在排隊買東西時，多與人攀談。可以增加膽量和技巧，又不至於在熟人面前出醜。

要避免不利的字眼，與其自己對自己說「我感到很緊張」，不如說「我感到很興奮」。

確信一個事實，其實在別人的心目中，你並不像你想像的那樣害羞。設法避免緊張時的動作，例如你演講時手會發抖，就把講演稿放在講臺上。

事情做好了，不忘自己慶祝一番，這樣有助於增加自信。

平常要多多參與，不要拘泥，多參加活動，多與人接觸，對克服羞怯心理很有幫助。確信自己一定會成功，摒棄一切不利的想法。要知道，人無完人，不要因為自己的弱點而自怨自艾。

素材貧乏的坎

口才反映一個人的道德修養、知識水準、思辨能力。要想使自己的語言具有藝術魅力，光靠技巧是不夠的，一味地追求技巧而忽略自身的素質培養只能是捨本逐末。因此，我們在學習語言技巧的同時，還應全面提高自身的學識修養。

有人說：在這個世界上，我們唯一可以依靠的人就是我們自己。而好的口才，也在於平時我們自己的累積和鍛鍊。所謂「厚積薄發」是有一定道理的，因為言語是以生活為內容的，有生活，有實踐經驗，才有談話的內容；有豐富的生活內容和豐富的實踐經驗，談話的內容才能豐富起來。因此，對周邊事情多加關注，以吸取對我們有用的東西。對於所見所聞，都要加以思考、研究一番，盡量去了解其發生的過程、意義，從中悟出一些道理。這些都是學習和累積知識的機會。在日常生活中，要隨時計畫、安排、改進生活，不能太隨意，讓機會白白溜掉。

你若不安於做一個井底之蛙，就應靜下心來努力學習，拓展自己的視野。你若不想說話空洞無物，就應下決心累積大批的、雄厚的、扎實的本錢，武裝自己的頭腦，讓自己說話的內容豐富起來。

以下是一些累積說話素材的方法。

- **多讀書多看報紙**：日常生活中，我們每天都離不開報紙、雜誌和書籍。在讀書看報時，備一支筆、一些卡片和一把剪刀，把所見到的好文章和讓自己心動的話語劃出來，或者剪下來，或抄在卡片上。每天堅持做，哪怕一天只記一兩句，也是很有意義的。日積月累，在談話的時候，會不經意地用上曾抄下來的語句，也許它們會隨時隨地從你的頭腦裡冒出來，讓你盡情地談吐，給你一個意外的驚喜。

- **累積警句、諺語**：在聽別人的演講或別人的談話時，隨時都可以聽到表現人類智慧的警句、諺語。把這些話在心中重複一遍，或記在本子上，久而久之，談話的題材、資料就越來越多，口才也就越來越成熟了，你就可以談起話來條理清楚，出口成章。

- **累積談話素材**：對於談話的題材和資料，一方面要認真地去吸收，另一方面要好好地去運用。懂得如何運用，一句普通的話也可以帶給你驚人的效果。學習吸收的目的是為了很好地應用，不能應用的吸收了也毫無意義。

- **提高觀察問題、思考問題的能力**：鍛煉自己觀察問題、思考問題時的敏銳的眼光，累積豐富的學識和經驗，能大大增強自己的想像力、敏感性，也能提高自己的口才。

▎智慧錦囊：如何打破冷場

如果我說的話不能打動自己，我為什麼要說給別人聽？

—— 林肯

在交談過程中，由於話不投機或不善表達，常常會出現冷場的情況，無

論對於交談、聚會、談判，冷場都是令人窘迫的局面。在人際關係中，它無疑是一種「冰塊」。打破冷場的技巧，就是轉移注意力，另換話題。

冷場一般出現在雙方對談話缺乏內在動力，不感興趣的情況下。在交際活動中，如果當事人一時沒有什麼需求的欲望，那麼，對話在這個時候就成了多餘的事，冷場便不可避免。

另外還有一些因素容易引起冷場，如在交際場上，當雙方的吸引力不強，或存在溝通的心理障礙時；當心理影響人際認知與情感交流時；當環境因素發生作用時，如「環境使人產生共同的壓抑感，或沉默情緒感染旁人」時等。

有人作了分析，認為社交場合存在以下十種情況時，最容易「話不投機」而出現冷場局面。

- 彼此不大相識。
- 年齡、職業、身分、地位差異較大。
- 心境差異較大。
- 興趣、愛好差異較大。
- 性格、氣質存在差異。
- 平時意見不合、感情不和。
- 互相之間有利害衝突。
- 異性相處（尤其在單獨相處時）。
- 因長期沒有往來而比較疏遠。
- 均為性格內向者。

冷場是交談即將失敗的一個徵兆，所以，談話雙方對可能出現的冷場，要有一定的預見，並應及時採取措施加以預防。比如，舉行座談會，可精心挑選出席的對象，既要考慮與會者的代表性，也要考慮與會者的可能發言率，以免只坐而不發言。有時，甚至可以先排定座次，盡量不要讓最可能出

現冷場的幾種人坐在一起，使他們說話時少一點拘束。同時，還要將健談者與寡言者適當地互相搭配，這樣就可借助組織之後，盡量避免出現冷場。

冷場是談話雙方都不希望發生的事情，但萬一出現冷場時，還是要有些準備。作為主人或會議主持者，或作為會話的一方，可借用下面的做法打破冷場。

- 立刻向對方介紹一個人、一件事或一樣東西，以轉移大家的注意力，激發他們重新展開話題的興致。
- 提出一個多數人都感興趣的話題，並有可能參與發表意見、看法、重引話題。
- 開個玩笑，活躍一下氣氛，再巧妙地轉入正題。
- 用聊天的方式，和一兩個人談談家常，問問情況，「明修棧道，暗度陳倉」，引出眾人關注的問題。
- 故意挑起一場有益的爭論。
- 啟發大家對環境、陳設等發表看法，引起議論。

談話的話題是否有趣有益，與冷場的出現有很大的關係。「曲高和寡」會導致冷場；「淡而無味」同樣會引起冷場。不希望出現冷場的交談者（或主人、主持者），應事先做些準備，使自己多幾個「話題庫」，以備不時之需。

年齡大的人喜歡回憶往事，可和他們聊聊市政的改革、民情的變遷、風俗的演化等，由於他們知識頗豐，濃郁的談興往往會油然而生。如果沒有別的話題，那麼不妨向他們詢問一下其子孫兒女的近況，一般都能打開老年人的話匣子。

年輕人性格活潑，愛好廣泛，音樂、電視、美容、旅遊等都可激起他們的談興。

　　企業家不會厭煩大家興致勃勃地議論自己的產品；有成就者願意暢談奮鬥的歷程⋯⋯總之，打破冷場的話題，「焦點」要準，「參與度」要高，即話題應是共同關心，能引起注意，人人可參與談論的話題。

　　另外要注意如果話題可能使在場者（即使只有一人）窘迫或不安，哪怕可立即引起眾人議論，也不宜作為打破冷場的話題。

　　比如，某人近期喪子，一般就不要當著他的面大談兒女之事，以免引起他的傷感。否則「一人向隅，舉座不歡」。

　　關心、體諒、坦率、熱情，是打破冷場最有力的「武器」，只有以這樣的態度去努力，「堅冰」可以融化，僵局不難打破。

第六章　辦事俐落　精明能幹

█什麼樣的人能辦成事

從一個人的辦事能力，一天便可看出其學問的高低。

—— 薩迪（Saadi Shirazi）

俗話說：聽其言，觀其行。光說不練，或會說不會練的人，是難以得到眾人的歡迎的。

一個人有沒有辦事能力決定這個人在社會上立事和處世的成敗。辦事能力是一個人綜合素質的集中體現。大凡能辦事和會辦事的人都能在事業上行得通，在工作上站得住，在社會上吃得開。一個人如果得到了「能辦事」或「會辦事」的評價，那就說明這個人已經被社會所承認和欣賞，其人生和事業的天空也就逐漸露出了綺麗的曙光。

那麼能辦事和會辦事的人是天生比較厲害嗎？這樣認識問題顯然是極端偏見和錯誤的，也是自甘於人後的表現。其實，當代社會學研究成果早就有了結論：人們的辦事能力也是後天學來的。因為每辦一件事顯而易見的道理是不能想當然地胡來。一件事從最初的構想到最後成功都要經歷一個過程，這個過程決不是直來直去的。直來直去地行事是不符合事件的運行規則和操作程序的。所以，辦任何一件事都有一個技巧、手段和藝術的問題。把各種辦事技巧、手段和藝術學會了，很多事情也就迎刃而解了。天下沒有攻不破的城，也沒有辦不成的事。事情沒辦成，不在於對方的難合作和不通情達理，而多半是因為技巧和手段用的不對。這技巧和手段就像日常生活使用的工具一樣，要依用途選擇工具。如擰螺絲，用木棒不行，用鋤頭不行，而用螺絲起子肯定能把螺絲擰下來。知道做什麼事選用什麼工具是一個很普通很簡單的問題，但是辦什麼事該用什麼技巧和手段呢？

大千世界，人有千面。有人根據先天遺傳、後天能力將人分成幾個不同的類型。第一種人，愚人，愚而頑劣、茫然不知人生為何物者；第二種人，

凡人，有眾生的智慧，但普遍有人性的缺陷，芸芸眾生是也；第三種人，智人，這種人有超乎常人的智慧能力，出類拔萃人物是也。也就是說，辦事高手通常是後兩種人之間，他們識時務善變通，處世豁達，為事睿智，辦事高手應具備哪些能力呢？

　　凡辦事效率很高的人，大都對於所從事的工作有著深入細緻的鑽研和了解，而他們對事物的觀察能力更是使其辦事效率提高的一個重要前提。仔細研究不難發現，這些人觀察事物時善於捕捉特點、觸類旁通、發現規律。總結他們的觀察方法和素養，大致有十條。

- 迷：指的是辦事者對觀察對象的「聚集」反應。莫泊桑入迷地觀察吸著煙斗的守門人的姿態、外貌和精神活動而著大作，被傳為佳話。
- 苦：指的是辦事者在觀察中所具有的艱苦卓絕的精神。明代傑出的地理學家徐霞客，風餐露宿，雖然經歷了被盜、斷糧、重病、墜潭等種種厄運，但都未能阻止他實現少年時立下的「大丈夫當朝碧海而暮蒼梧」的大志，遂以畢生精力孤身旅行而成為中國古代著名地理學家。
- 全：注意事物的正面，也注意反面；既觀察部分，又注意全貌；既不忽視外表，又留心隱蔽條件和因素；既觀察該事物的特徵，又觀察上下左右的連繫和銜接；既看到目前狀態，又預測今後趨勢。
- 微：指辦事者善於見微知著。要從平凡中看到不平凡，望一葉而知秋。
- 時：指的是辦事觀察度時。事物都有它的發生、發展和轉化過程，要考慮到事物的時間因素。
- 比：指的是辦事者善於進行對比觀察。黑格爾指出：「我們所要求的，是要能看出異中之同或同中之異。」可見達爾文是擅長「同」中求「異」的佼佼者，因而能寫出《物種起源》這樣的巨著。
- 思：觀察和思維是密不可分的。善於將觀察和思考相結合，往往能迸發出五彩斑斕的創造火花。

- **巧**：指的是辦事者主要在擴大觀察領域而借助的探索手段以及為了增強觀察效果而使用的精巧策略，如偵察、調查等。
- **記**：指的是辦事者寫觀察筆記，善於總結經驗教訓。
- **恆**：指的是辦事者觀察要有恆心。

辦事高手的五條經驗

同樣一件事，有人辦得好有人辦不了。之所以會這樣，是因為有些人掌握了辦事交往的規律，而有人卻不具備這種經驗。下面是一位辦事高手總結出的五條辦事經驗，可作參考。

- **容忍精神**：辦事的實質就是一種互相合作的關係，這種關係的基礎就是建立在彼此之間的互相信任、互相容忍。我們知道，每種類型的人都有自己的特點和自己關心的話題。由於類型不同，我們與陌生人相處首先會產生一種不和諧、不習慣的感覺。這時，就需要有容忍精神，要了解對方只是與你的類型不同而已，而不能在自己與他人之間作對與不對的價值判斷。同時，不能指望陌生人對你會毫無保留，什麼話都講，這是不現實的。畢竟是萍水相逢，要容許別人有個認識、了解你的過程。
- **善找共同話題**：有些事情需要接觸陌生人並與之相處，這樣常常會感到缺少共同話題，這是因為缺乏了解造成的。這時，不妨找些共同感興趣的「話題」，如對某個社會問題的看法，對剛剛發生的時事的評論，或者不妨談談某個名人的現狀等。只要用心，就會發現這種共同話題還是很多的。這樣，也容易很快地熟悉起來。
- **多向對方學習**：在辦事過程中，與不同類型的人相處，固然不如與同類型人相處更容易談得來。但是，正由於類型的不同，你才可能從對方那裡學到同類型人身上不具備的長處。虛心向對方學習，也表明了你對對方的尊重，這將有助於融洽你與不同類型人之間的關係。

· **具有「非辦不可」的毅力**：有時候，儘管使盡了全身招數，但事情還是得不到解決，這時候就要仔細分析失敗的原因，而採取相應的對策，用一種「非辦不可」的精神，將辦事進行到底。

· **不斷挖掘自己的「辦事資源」**：所謂「辦事資源」就是自己身上所具備的有利於辦事的因素，這種資源包括五個方面。

　A. 指人本身的品格，如善良、正直、勇敢等。由於自身擁有的資質非同一般，而且透過某個事件表現出來，使周圍的人們都受到心理震撼，因此，具有非凡的影響力。

　B. 指專業技術或特長，在某一個領域具有非凡的研究成果，形成了權威。

　C. 權力，但前提是權力的使用應該合法合理。

　D. 錢財，錢財是人人追求的東西。因為它能轉換為人們需要的東西。

　E. 人身體的某種特性，如奇美、奇醜、奇高、奇矮等。

　　總之，這些有利因素凝聚著非凡的辦事資源，是某種社會關係和人們精神需求的象徵。它顯示著寶貴和權威。象徵著辦事實力，每一個人都應力爭最大限度地挖掘和利用。

▍眼觀六路，耳聽八方

人如果只有才，那麼他距離取得人心還很遙遠。

—— 沃維納爾（Jules Gabriel Verne）

要得人喜歡，少不了眼觀六路，耳聽八方。因為只有眼尖耳靈，才能做到圓滑周到，八面風光，否則，呆頭呆腦，不識眉眼高低，相信沒有幾個人能看得上。

察言觀色，隨機應變

有句誇讚靈通人的話：眼觀六路，耳聽八方。什麼叫眼觀六路，耳聽八方？簡單點就是有眼力。可以說，一個沒有眼力的人無論如何也不會辦好事的。所以，精明的人一般都能察言觀色，隨機應變。

清時，十公主是乾隆最小的女兒，後來被封為和孝公主。乾隆非常疼愛他這個女兒，他常說：「我這小女兒長得很像我，一定有福氣。」還常常和這個小女兒開玩笑地說：「你可惜不是個男孩兒，要是男孩的話，我一定立你為太子。」十公主性格剛毅，不像一般的女孩子。她有些力氣，據說十多歲就能彎十石硬弓，她也和父皇撒嬌地說：「女孩子又怎麼樣，我非要學個男孩兒的樣不可。」小的時候，她常常女扮男裝，跟著父皇打獵。乾隆微服私訪時，她也扮成男孩跟著去。和珅跟隨時，她竟然稱和珅為「丈人」。乾隆對這個小女兒特別喜歡，她提出的要求，乾隆百依百順，她說的話，乾隆聽來句句順耳。

和珅為了討好乾隆，就特別想法討好十公主。有一次，乾隆去圓明園遊玩，和珅隨駕，十公主也女扮男裝一起前往。和珅跟隨乾隆和十公主來到園中的一條買賣街，走到一家店鋪門前，見有一件大紅呢夾衣掛在那裡，十公主看了，微露喜歡之色。十公主臉上這細微的變化，一般人不會去注意，即使注意，也不一定看得出來。可和珅卻極善於察言觀色，他看在眼裡，想在

138

心裡，轉眼之間，就去以二十八金的高價把那件衣服買了下來，進獻給公主。

和珅知道，博得十公主的歡心，也就是博得了乾隆的歡心。

一次慈禧出宮，路過李蓮英的府第，見李府門上掛著「總管李寓」的匾額，慈禧凝望了片刻，微露不悅。李蓮英即刻察覺慈禧的這一神情，雖是太監總管，但掛上這種牌匾，未免招搖。李蓮英等回宮以後，即刻摘下匾額，除下上面的金字。然後向慈禧解釋道：「奴才不常回去，小太監不知好歹，居然在家門上掛了『總管李寓』的匾額，奴才也是頭一回看見。奴才剛才回家一趟，摘下匾額，除下金字，把那個混帳小太監狠打了一頓，交內務府查辦了。」慈禧心裡本來有點不高興，聽他這麼一說，便煙消雲散了，就讓他放了那個小太監，不必送內務府查辦。李蓮英真可謂精明到家了。

可見有善於察言觀色該有多麼重要、翻開歷史，有些人平心而論並沒有多大本事，可他們卻能八面玲瓏地處世，其最大特點就是懂得看眼色。可以說，只要主人一眨眼，一欠身，他們便馬上心領神會，然後未等當事人開口，他們便手到擒來。所以一般情況下，這些人做的事只要合情合理，在事業上大都能一帆風順，仕途上也較順利。

話中有話，語外有音

常言說：明人不用細講，響鼓不用重錘。對於精明的人來說，他們的耳功也是修煉得很深的。

一個人在一般情況下不會輕易將他的真實意圖直截了當地表達出來。特別是身居高位者，更是如此。很多時候，上司的真正意圖需要下屬經過仔細考慮揣摩去做，其中的原因是多方面的。有一種情況是，上司礙於自己的地位，不便隨便表態，但多半已有自己的看法，這時你應該比較乖巧，不能強迫上司明確表態；另一種情況是，上司需要助手幫腔，一個扮黑臉，一個扮白臉，一臺戲才能演好，這時你就不能附和上司唱一個調了；還有一種情況

是，上司還沒有拿定主意，但迫於形勢只好模稜兩可地敷衍幾句，這時你就得沉著穩重，私下找上司商量，不要貿然行事。

總之，你在平時就得深入觀察，仔細揣摩，熟諳上司的習性，這樣才能正確地理解上司的意圖。否則，在你具體執行過程中，就會產生很大偏差，甚至南轅北轍。與上司的想法完全背道而馳，你將會費力不討好，陷入十分尷尬的境地。

實際上，精明人的耳功訓練，主要在聽者一方，否則便無所謂耳功。因為一般來說，說者都會說，而聽者卻未見都會聽。所以古語才有說者無心，聽者有意之說。更何況俗語說會說的不如會聽的。只要你能真正理解對方的寓意，並盡快付諸實施，相信事情總能辦得順利，且本人也會受到讚許。

▌手勤心快，人見人愛

不計回報、熱情以赴地助人，使你喜悅無限，而你也因此體驗到人生的意義。

—— 卡內基

捷足先登。眼明手快最容易占上風，搶到先機。精明的人都是眼明手快的人。他們是雷厲風行的馬，而不是任勞任怨的牛。常言道：牛打江山馬坐殿，做事情慢半拍的人是永遠也不會坐到前臺去的。

心明眼亮，心領神會

人常說，不怕不勤快，就怕沒眼色。而眼色就是悟性，就是心性，就是大腦思考後在五官上的具體反映。所謂精明實則是一個人悟性高低、大腦反應快慢的問題。一般來說，大腦反應快的人，悟性就高，悟性高的人多半都是精明的人。

一次，乾隆帝駕臨曲阜行營後，召見河督薩載、山東巡撫功績以示勤政。

乾隆帝娓娓問來，照例是河務、河賑、天象。薩載站在下面恭敬而謹慎，生怕皇上對他的回答表現出不滿。山東巡撫也偶爾插上幾句。

過了一會兒，領侍衛內大臣阿桂從幄外匆匆進來，手中拿著邊報。一名侍衛從阿桂手中接過邊報，走到乾隆眼前，恭恭敬敬地展開邊報，讓乾隆閱覽。談話也就因此中斷。

邊報上並無戰事記載，但奏明了有一名朝廷要犯從拘囚地脫逃的事。乾隆皇帝看到此處，不禁皺起雙眉，臉現微怒之色，他將邊報隨手往侍衛手中一丟，目視前方，緩緩說道：

「虎兕出於柙！」

聲音很輕，四周的人都聽到乾隆帝在說話，但聽不清他說了些什麼。

阿桂、河督、山東巡撫以及離乾隆最近的侍衛們一下緊張起來，他們擔心乾隆帝是在對他們中的人下旨意，要是連聖旨是什麼都聽不清，這欺君之罪可就大了。

「虎兕出於柙！」

乾隆帝目不斜視，又說了一遍，他的思緒彷彿仍然沉浸在要犯在邊疆脫逃的事上。

周圍的人這次聽清了，但是聽不懂這話的意思。

只有和珅知道，這是《論語》中引用周任的一句話。

圓幄內依然很寂靜，和珅覺得萬分奇怪，因為乾隆帝這句話實際上是下了一道委婉的口旨，要查辦這位要犯典守者的過失罪。照理，領侍衛內大臣應對這道口旨做出一種禮節性的反應，然後等有了空通知軍機處擬旨查辦此事。

阿桂毫無反應。

　　和珅不由得向阿桂望了過去。

　　阿桂一臉著急之色，因為他聽不懂皇上說的到底是什麼意思，又不敢問。

　　阿桂向薩載和功績投去求助的目光，無奈這兩位也是臉現茫然，搖首作答。

　　三位滿州大員面面相覷。他們皆非由科舉入仕，對漢儒經典從來不太在意。沒料到乾隆爺會引用《論語》下旨。

　　阿桂的額頭沁出了細汗珠，最近聖上情緒不定，喜怒無常，看他臉上的怒容，定是邊報上有了惡訊，這回我阿桂再觸龍顏，那豈不是令皇上怒上加怒嗎？

　　阿桂越想越害怕，頓時坐立不安起來。

　　這一切和珅看在眼裡，他有心想幫阿桂一把，阿桂畢竟是他岳父英廉的好朋友，而且在挑選侍衛的前前後後，他不是一直在暗中維護自己嗎？包括這回來圓幄內聽差，不都是阿桂大人的意思嗎？

　　「虎兕出於柙！」

　　乾隆帝說了第三遍，這一次，皇上的語氣非常堅決。

　　乾隆帝隨之轉臉，在阿桂、薩載和功績三人身上掃過，彷彿他已將要犯脫逃這件不愉快的事拋諸腦後。

　　阿桂、薩載和功績的臉上又窘又急，他們都憋紅了臉。

　　和珅看了看周圍的侍衛們，個個瞠目結舌，不知所措。看來，只有自己能解阿桂之圍了。

　　「聖上是說典守者能推卸其責任嗎？」

　　他的聲音並不大，怕驚了聖駕。阿桂這才恍然大悟，原來皇上是要追究典守者的責任。他的心中非常感激和珅這當場提醒，多日來阿桂對和珅頗為

照顧，看來，和珅是個明白人，這番心思自己一點都沒有白費。

滿洲大員多以前生、戰功、侍衛起家，選拔時只重「清語射騎」，至於漢儒經典並不看重，所以阿桂對《論語》並不熟悉。

身為正一品大連，連《論語》上的話都聽不懂，實在是有些說不過去，乾隆帝有些不滿。

可是身為帝目，總不能當著這麼多人的面把「虎兕出於柙，龜玉毀於櫝中，是誰之過歟？」這三句話都說出來，再解釋給侍衛內大臣聽。

乾隆帝的心中也在尋找打破這一僵局的妥善之策。和珅出言無疑是最好的結局。

乾隆帝看了和珅一眼，從他站立的位置而言，這分明是一名低等侍衛，沒想到侍衛中竟有熟讀《論語》者。

和珅與乾隆帝距離頗遠，皇上覺得直接與小侍衛遠遠地對話頗為吃力和不雅。

乾隆帝看著阿桂，示意他詢問這位侍衛的身分。

阿桂走近乾隆身邊，低聲說道：「這是黏竿處三等侍衛和珅！」

阿桂見乾隆帝臉上洋溢著欣喜的神色，便知道和珅這次出言很中皇上的意，阿桂便想拉和珅一把。這件事和珅既露了「臉」，又給皇帝以及阿桂等人解了圍，不失為絕妙一著。從此，和珅開始平步青雲。

可見，人在生活中有些時候眼色與手腳比知識更重要，縱然腦中裝有再多的知識，沒有眼色，也一樣是個書呆子。

手腳勤快，聰明伶俐

要想做到精明能幹，光憑聰明不行，還要伶俐。何為伶俐？伶俐就是眼到心到，心到手到，這樣做人做事才能充分獲得大家的好感。

鍾隱是五代十國時南唐的一位著名畫家，家道殷富，倦於俗事，便學習

前輩陶淵明先生做起隱士來。

　　隱居山林，除了修身養性，練練氣功外，鍾隱最愛做的一樁事就是畫畫。每日畫畫花竹禽鳥，山水人物，倒也自娛自樂。

　　不過，畫了一段時間，鍾隱就出現「眼高手低」的毛病。

　　鍾隱經過冷靜反思認識到，毛病就在於自己畫技貧乏。於是決定下山求師學藝。

　　下山後打聽到，當時畫花鳥的高手叫郭乾暉，此公筆墨天成，曲盡物性之妙，尤其擅長畫鷙鳥。鍾隱大喜，立即前往郭府拜師。

　　不料，郭乾暉並非世中俗人，雖然身懷絕技，卻不肯輕易授人，老先生作畫總吩咐下人把門關上，惟恐路上過往行人或者私闖進來的賓客，窺見一招一式。因此，鍾隱興沖沖來到郭府，連大門也沒跨進，就讓門房給轟了出來。

　　鍾隱倒是很有趣，一拍腦袋把自己大罵一通：真是該死呀，該死！上山隱居後竟然把世俗的規矩都忘光啦，想當年孔夫子收學生，還要拎十條臘肉來，我怎麼空著手就跑來了呢？

　　於是，鍾隱回到家，叫人準備一車銀子，風風光光地再次登門求見。誰知門房仍擋住不讓進，還冷嘲熱諷道：「你認為我們家老爺缺銀子花嗎？告訴你吧，我們家老爺用毛筆畫個圈，能夠你小子吃個一年半載的。還想到這兒胡鬧，也不看清楚門牌號碼！」

　　沒辦法，鍾隱只好拉著一車銀子灰溜溜打道回府。

　　投師不成，鍾隱茶飯不香，夜不能寐。老話說：「天無絕人之路。」終於，鍾隱想出一條妙計，既然正道走不通，那為何不走旁門左道呢？於是，他喬裝打扮成一個小廝，毛遂自薦地跑到郭府要當奴僕，且一再強調只混口飯吃，不要工錢。由於他要求不高，郭府又正缺人手，於是就被收下。

鍾隱真不愧是天生做「賊」的材料，一進郭府，就把上上下下哄得團團轉，把那位郭老先生都給哄住了，老先生撤除了對他的所有防線，作畫時竟然點名要他站在一旁磨墨，根本沒料到他是個偷學畫技的雅賊。

此時，鍾隱可是稱心如意，他可以盡情地觀看郭老先生作畫時的筆法用彩，沒過多久，就把老先生那套密不傳人的技藝爛熟於心了。

誰知，畫技學得越多，越是技癢難熬。有一天，鍾隱實在忍耐不住，乘興在牆上偷偷畫了一隻鴿子，神形俱佳。有人將此事向郭老先生報告，老先生聞訊前去觀看，一看就嚇了一大跳，知道這絕非外行所能畫出來的。於是，招來鍾隱盤問。

鍾隱見紙包住不火，只好全盤托出，郭老先生聽罷並沒生氣，反而大受感動：「公子為了學畫，竟然不惜為奴，這叫老夫如何敢當？如此求學，真乃天下少有，老夫就破例把你收在門下吧。」

從此，郭乾暉老先生與鍾隱以師徒相稱，一個縱論畫道，密授絕技；一個潛心苦學，仔細揣摩。果然，鍾隱深得其旨，技藝猛進，畫有〈鷹鴿雜禽圖〉、〈周處斬蛟圖〉等傳於後世。

很多情況下，初入社會或者新到一個環境，免不了要被人藐視。但要改變這種狀態，只有手腳勤快，聰明伶俐才行。人常說，人在屋簷下，怎敢不低頭。手腳勤快點，吃點苦沒什麼大不了的，吃得苦中苦，方為人上人。事實證明，最終能證實你人生價值的不是你吃多少苦，受多少累，而是你最終獲得多少成果。所以為了能使自己在事業上有個好發展，真正做個精明能幹的人，還得先從眼明手快聰明伶俐做起。

因人制宜，有的放矢

變化即生活。

—— 舒伯特（Franz Seraphicus Peter Schubert）

有的放矢地與人競爭、辦事、談話，不僅是一個辦事的規律，更是一個人才智力、能力的體現，對辦事成功有很大的益處。

與雙面人辦事應謹慎地劃出一條原則

生活中免不了會遇到這樣的人物，他當面給予奉承，轉過身去卻嗤之以鼻；他為了取得你的喝彩，事先就送上掌聲；為了取得你的「庇護」，他成天低聲下氣地圍著你打轉；他對你心懷不滿，但見面是笑臉相迎，背後卻到處搬弄是非……這類人物，有著兩張臉皮，有著雙重人格。與這樣的人打交道，你可能會感到艱難，對付這種人若處理失當，很可能會使自己處於困境。

對於這樣的人，在與之接觸過程中，盡量不要去傷害對方的自尊心，不去損害他們如此費心地保護著的那個「面具上的自己」，盡量不去得罪他，也不可簡單地拒絕其奉承。簡單拒絕只會傷害對方的自尊心，加速你「觸礁」情況。

與這樣的人接觸，一定要謹慎提防，別被他的別有用心利用。這就需要在與之交往過程中，謹慎地劃出一條原則、界限，剔除那些非原則的、損害他人的成分，抹去那些具有強烈私欲的色彩，在正當的利益上盡量滿足他，使他的自尊心、榮譽感也逐漸地有所體現，並促使其良知自現。這樣就可以利用他的能力來替自己做事。

與性格冷淡的人辦事要有熱情和耐心

生活中常常有這樣一些人，他們往往我行我素，對人冷若冰霜。儘管你很熱情地跟他寒暄、打招呼，他卻總是愛理不理，不會做出你所期待的反應。和這類人打交道，的確讓人感到不自在、不舒服。但有時候出於工作、辦事的需要，往往又不得不與他們來往，那麼，在這種情況下，為了維護自己的自尊心，該以什麼樣的方式來對待呢？

從形式上看，他怎樣對你，你當然可以以同樣的方式去對待他。但是，這種方式是不恰當的。在這種人中，他們的冷淡並不是由於他們對你有意見而故意這樣做。實際上這是他們自身的性格，儘管你主觀上認為他們的做法使你的自尊心受到傷害，但這絕非是他們本意。因此，你不要過於計較，更不要以自己的主觀感受而判斷對方的心態，以至於做出一種冷淡的反映。這樣，常常會把事情弄糟。

其實，儘管性格冷淡的人一般來說興趣和愛好比較少，也不大愛和別人溝通。但是，他們還是有自己追求和關心的事，只是別人不大了解而已。所以，在與這類人打交道時，不僅不能冷淡，反而應該多花些工夫，仔細觀察，注意他的一舉一動，從他的言行中，尋找出他真正關心的事來。一旦接觸到他所關心的話題，對方很可能會一別於往常那種死板冷淡的表情，而表現出相當大的熱情。

另外，與這種人打交道，更多的是要有耐心，要循序漸進，要設身處地為他們著想，維護其利益，逐漸使他們去接受一些新的事物，從而改變和調整他們的心態。這樣，遇到事時，跟到他們接觸也不會輕易碰釘子。

與清高傲慢的人辦事應選擇適當的相處方式

在日常中，有些人往往自視清高，目中無人，表現出一副「唯我獨尊」的樣子。與這種舉止無禮、態度傲慢的人打交道，實在是一件令人難受的事情。可是，如果不得不與這種人接觸，又該怎麼辦呢？

有人說，對這種人就必須以牙還牙。他傲慢無禮，我便故意怠慢他。這種做法在某些時候也許是必要的，但它通常更多地只是一種意氣用事的表現。用理性很好地思考一下自己的目的和處境時，則應該尋求某種更適當的相處方式。如果他傲慢，你怠慢，便很可能無法順利的繼續往來，這顯然對於雙方都是不利的。所以，應該從如何使自己辦事成功來選擇自己的行為方式。

對此，以下有三種方式可作參考。

- **盡可能地減少與其交往的時間**：在能夠充分表達自己的意見和態度或某些要求的情況下，盡量減少他能夠表現自己傲慢無禮的機會。這樣，對方往往也會由於缺少這樣的機會而不得不認真思考你所提出的問題。

- **語言簡潔明瞭**：盡可能用最少的話清楚地表達你的要求與問題。這樣，讓對方感到你是一個很乾脆的人，是一個很少討價還價的人，因而約束自己的架子。

- **你還可以邀請這種人從事一些無法擺臉色的活動**：如請他去跳跳舞，聊聊家常，上卡拉 OK 唱唱歌等。而當對方一旦在你面前表現出其平時的樣子，在以後的相處中，他往往不會再對你傲慢無禮。這樣你就可以從容地與他辦事了。

與沉默寡言的人辦事先讓他說話

　　和不愛開口的人交涉事情，實在是非常吃力的；因為對方太過沉默，你就沒辦法了解他的想法，更無從得知他對你是否有好感。

　　有這樣一位新聞記者，他為人沉默寡言，根本就不像是個記者。不論你和他說什麼，他總是沉默以對，你也拿他沒辦法。當有人給他介紹廣告客戶時，他也只是淡然地應對，然後手持對方名片，呆呆地看著。

　　對於這種人，你最好採取直截了當的方式，讓他明確表示「是」或「不是」、「行」或「不行」，盡量避免迂迴式的談話，你不妨直接地問：「對於 A 和 B 兩種辦法，你認為哪種較好？是不是 A 方法好些呢？」

與私心較重的人辦事應設法昇華其特點

　　所有的人在社會交往中，都討厭那種自私自利、只顧自己的人。因為這種人心目中只有自己，凡事都將自己的利益擺在前頭，而不肯有所犧牲。但在日常交往中，遇到這樣的人，該辦事時還得辦事。

　　自私自利的人儘管心目中只有自己，特別注重個人的得失和利益，但是，他們也往往會因利益而忘我地工作。對他們不必有太高的期望，也沒有必要希望他們能夠像朋友那樣以義為重，以情為重。與這類人的交往，關係可以僅僅是一種交換關係，付出多少，得多少利；付出的量不同，利也不一樣。人們之所以普遍地對這種自私自利的人感到厭惡，在很大程度上都是由於僅僅按道德標準去衡量人，以其作為社會相處的標準。這不得不說有失片面性，而以一種利益標準去作為相處的標準時，就不會在任何時候都對他們採取一種「敬而遠之」的態度了。

　　從另一個角度看，自私自利的人也常常有他們的特點 —— 精打細算。如果能夠透過適當的方式，將他們這種特點加以昇華，運用到某些比較合適的地方，也可以發揮其優勢。如讓這種人負責財務工作，在有嚴格約束的情況

下，他們往往會成為集體的「守財奴」。這樣，豈不是一件好事嗎？

與「好出風頭」的人辦事不能一味遷就

在社會交往中，「好出風頭」的人也不少。這種人狂妄自大，自我炫耀，自我表現欲非常強烈，總是力求證明自己比別人強，比別人正確。當遇到競爭對手時，總是想方設法地挖苦人，不擇手段地打擊人，力求在各方面占上風。人們對這種人，雖然內心深處瞧不起，但是為了顧全大局，為了不傷交往中的和氣，往往事事遷就他、讓著他。這樣的做法是不合適的。

我們總是追求一種和諧，謂之「以和為貴」。這無疑是人際交往中一個重要的標準和目標。為了顧全大局，求大同，存小異，在某些方面做一些必要的退讓，應該說是一種比較高尚且聰明的交往方式。「和」無疑是必要的，但如何去獲得「和」，則有不同的方式。「讓」是一條途徑，「爭」也是另一條必要的方式。殊不知，有些爭勝逞強的人並不能理解別人的謙讓，而以為自己能力高人一等，而變本加厲地瞧不起別人，不尊重他人。對這樣的人，則不能一味地遷就，而應該讓他知道人外有人，天外有天。遷就只適合那些比較有理智的人，而對於不明智的人，不妨給他點顏色瞧瞧，挫挫其傲氣。

在爭勝逞強的人當中，有屬於性格使然者，也有屬於社會經驗不足的不諳世故者。後者常常是年輕人，對於他們，更多的應該是正面的引導和提點，開拓其眼界，增長其見識。這類人一旦成熟，對社會有了初步認識，便會改變過去那種爭勝逞強的態度。

與性情暴躁的人辦事，宜多採用正面的方式

所謂性情暴躁的人，通常指的是那種衝動、做事欠考慮、思想比較簡單、喜歡意氣用事、行動如疾風暴雨似的人。和這種人打交道，應該謹慎，否則稍有得罪，他便捶胸頓足，怒不可遏，甚至拳腳相見，實在是不划算。

也正是這樣，許多人都不願意和這種性情暴躁的人來往。其實，這是一種對人認識不足的偏見。

雖然性情暴躁是一個缺點，它容易傷害人，並且常常表現為蠻橫無理。但是，這種人也有優點，而這正是我們與之交往的重要基礎。

首先，這種人常常比較直率。有什麼說什麼，不會搞陰謀詭計，也不會背後算計人。他對某人有意見，會直截了當地提出來。所以，與其和那些心計較多的人相處，還不如與這種人打交道。

其次，這種人一般比較重義氣、重感情。只要你對他好，尊敬他，視之為朋友，他會加倍報答你，並維護你的利益。所以，和這種人交往，不一定要十分客套，或講什麼大道理，只要以誠相待，他必定以心相對。

這種人還有一個特點，即喜歡聽奉承話、好話。所以，在與其相處時，宜採用正面的方式，而謹慎運用反面或批評的方式。這樣，往往可以取得更好的效果。

與草率決斷的人辦事要確信他領會了你的意思

這種類型的人，乍看好像反應很快：他常常在交涉進行到最高潮時，忽然做出決斷，給人以「迅雷不及耳」的感覺。由於這種人多半是性子太急了，因此，有的時候為了表現自己的「果斷」，決定就會顯得隨便而草率。

這樣的人，經常會「錯誤地領會別人的意圖」，也就是說，由於他的「反應」太快，每每會對事物產生錯覺和誤解。其特徵是沒有耐心聽完別人的談話，往往「斷章取義」，自以為是的做出決斷。雖使交涉進行較快，但草率做出的決定，多半會留下後遺症，招致意料不到的枝節發生。

從事交涉，總是要按部就班地來，倘若你遇到上述這種人，最好把談話分成好幾段，說完一段（一部分）之後，馬上徵求他的同意，沒問題了再繼續進行下去，如此才不至於發生錯誤，也可免除不必要的麻煩。

▋遭人拒絕如何應對

事情很少有根本做不成的；其所以做不成，與其說是條件不夠，不如說是方法不對。

—— 卡內基

求人辦事過程中，被人拒絕也是常有的事。一時的拒絕並不等於事情從此無望，如果能正確分析對方拒絕的心理原因，根據實際情況採取不同的處理方法，就有可能使自己的請求出現新的轉機，退一步來說，不能立即使對方改變態度，也能給對方留下良好的心理印象，為以後的交往打下一定的基礎。

從心理上分析，拒絕是有不同類型的，可將主要類型和對策分為以下幾種。

一般拒絕

一般拒絕是指對方雖然當時拒絕你，但不是經過深思熟慮後作出的決定。他們可能有一定的幫忙願望，但由於對你缺乏了解，未能建立對你穩定的良好印象，因此，疑慮重重，陷入了一個想幫又不想幫的矛盾心理狀態。為盡快解脫這種矛盾的心理，對方有時就會表示不幫忙。

這樣的決定隨意性很大，也較容易改變。有效的辦法是多接近他們，很自然地展現自己的「真實面目」，讓對方充分和全面了解你，對方的疑慮消除了，求人也就成功了。

執意的拒絕

這是指對方在拒絕前，對你有比較深入具體的了解，經過分析、對比、反覆權衡利弊後作出的選擇。這樣的選擇也許是因為人家認為你不值得幫忙；或是因為你的個性、態度使對方大失所望；或是由於對方的某種固執的偏見。

要改變執意拒絕者的態度，一般情況下比較困難。假如你確認對方是由於固執的偏見而拒絕答應你時，則可以用真誠的行動去感動對方，使之改變偏見。不過這需要較長的時間。

隱蔽的拒絕

這是指對方拒絕你的請求是出於某種心理需要，而不願把真正的原因說出來，用某些不真實的理由搪塞你。對方不願說出真實的理由，其情況是複雜的，大致有如下幾種。

一是你提出的要求太高，對方無法滿足，但又羞於說出本人能力的不足。二是對方對你不放心，對你拿不准，但又不好意思說出來。三是是否對你「特殊關照」，決策人意見不一致，覺得沒必要把「內政」告訴你。

對於這種被求助對象，要盡可能弄清其拒絕的真正原因，然後再採取相應的求助方法，或解釋說服、或降低自己的某些要求、或等待時機。

要分辨「別人」的拒絕是屬於哪種類型並不容易，需要有較強的察言觀色、聽話聽音的能力，以及較準確的判斷能力，而這些能力又需要豐富的社會歷練才能獲得。

對於有求不應者，還應注意以下三點。

· **不要過分堅持**：對方既已拒絕，必有原因，如果過分堅持自己的要求，不但會使對方為難，而且也會使自己陷於被動。一旦被堅決地拒絕，不僅心理上將很難接受，將來也會沒有轉圜的餘地。

· **不要過分追究原因**：的確，被拒絕的心裡很不好受，任何人都想知道原因，但是如果窮追不捨地纏住對方，非問清原因不可，往往會破壞雙方感情。

· **保持禮貌**：人生不如意的事很多，又何必在每件事上都計較個沒完？被人拒絕後仍然要做到豁達人度，不抱成見。當你領會到對方拒絕的心理

時，不妨自己把話打斷，乾脆表示沒關係，反過來再安慰對方幾句，請他不必介意。對方會感動過意不去，說不定以後還會很主動地幫忙。

軟磨硬泡不招人煩的技巧

有些事你找到對方，雖然對方能處理，可就是找各種各樣的藉口和理由搪塞、推託和拒絕，使你無能為力、無可奈何、無計可施。有些人在這種情況下只好打退堂鼓，撤回來了事，也不再另行組織進攻了。但也有一部分性格頑強、不達目的誓不甘休的人，他們採用軟磨硬泡法，友好地賴著對方的時間、情面，甚至賴著對方的地盤，不答應就不撤退，不把事情辦成就不回頭，使對方急不得惱不得，最後不得不答應了他的要求，這才鳴金收兵，凱旋而歸。

「軟磨硬泡」的特色是以消極的形式爭取積極的效果，透過決心和毅力，透過消耗彼此的時間和精力，給對方施加壓力，以自己頑強的態度、思想和感情達到影響對方態度和改變對方態度的目的。這種方法有如下幾種具體的小竅門。

辦事時學會控制情緒

在辦事的過程中，能不能控制來自外界的刺激所產生的情緒，對於辦事的成功與失敗，有著舉足輕重的影響。

做什麼都需要良好的心理素質，一定要善於控制自己的情緒，以適應不同的辦事對象、辦事環境的需要，做到處險而不驚，遇變而不怒。

耐心周旋

有些人臉皮太薄，自尊心太強，經不住人家首次拒絕的打擊。只要一遇到困難，他們就臉紅，感到羞辱、氣惱，要麼與人爭吵大鬧，要麼拂袖而去，再也不回頭。

　　看起來這種人很有幾分「你不幫忙就拉倒」的「骨氣」，其實這是過分脆弱的表現，導致他們只顧面子而不想千方百計達到目的，於事業無益。

　　因此，在找人辦事時，既要有自尊，但又不要抱著自尊不放，為了達到交際目的，有必要增強抗挫折的能力，碰個釘子不氣不惱，照樣微笑與人周旋，只要還有一絲希望就要全力爭取，不達目的決不甘休。有這樣頑強的意志堅持到底總能把事情辦成。

　　從另一角度看，軟磨硬泡消耗的是時間。而時間恰恰是一種辦事的武器。時間對誰都是寶貴的，人們最耗不起的就是時間。所以，如果你以足夠的耐心，擺出一副「打持久戰」的架勢與對方對峙時，便會對對方的心理產生震懾。以「泡」對「拖」，足以促其改變初衷，加快辦事的速度。所以，要沉住氣，耐心地犧牲一點時間，反而可以爭取到更多的時間。

　　有個做保險的業務員，到一家餐廳拜訪店主，店主一聽到是保險公司的人，笑臉倏地收了起來。

　　「保險根本沒用。為什麼呢？因為必須等我死了以後才能領錢，這算什麼呢？」

　　「我不會浪費您太多的時間，只需要給我幾分鐘為您說明就好了！」

　　「我現在很忙，如果你的時間太多，何不幫我洗洗碗盤呢？」

　　店主原是以開玩笑的口吻戲謔他，沒想到年輕的保險員真的脫下西裝外套，捲起袖子開始洗了，老闆娘嚇了一跳，大喊：

　　「你用不著來這一套，我們真的不需要保險！所以，不管你怎麼說，怎麼做，我們絕不會投保的，我看你還是別浪費時間和精力了！」

　　保險員每天都來洗碗盤，店主依舊是鐵石心腸地告訴他：

　　「你再來幾次也沒用，你也不用再洗了，如果你夠聰明趁早找別家吧！」

　　但是這位有耐心的保險員依然天天來洗，十天、二十天、三十天過去了。到了第四十天，這個討厭保險的店主，終於被這個年輕人的耐心感動了，最後答應他投高額保險，不僅如此，而且還替這位有耐心的年輕保險員介紹了其他的客戶。

積極跟蹤

　　俗話說：「人心都是肉長的。」不管雙方認識距離有多大，只要善於用行動證明自己的誠意，就會促使對方去思索，進而理解你的苦心，從固執的框子裡跳出來，那時你就將「泡」出希望了。

　　有對年輕男女彼此相愛，但女方的母親認為青年木訥，不同意。青年雖然不善言辭，但很能幹，人又勤快。他不在乎女方父母的白眼，被擺臉色也不計較，仍經常到女方家幫忙。最終在他的努力下，老人感動地同意了。

尋求理解

　　有時候托人辦事，對方推著不辦，並不是不想辦，而是有實際困難，或心有所疑。這時，你若僅僅靠行動去「泡」，很難奏效，甚至會把對方「泡」火了，纏煩了，更不利於辦事兒。

　　如遇這種情形，嘴巴上的工夫就顯得十分重要了。

反覆申請

　　同樣的意思，反覆申請、反覆渲染、反覆強調，不達目的，誓不甘休。面對頑固的對手，這是一種有力的武器。

　　宋朝的趙普曾做過太祖、太宗兩朝皇帝的宰相，他是個性格堅韌的人。

　　在輔佐朝政時他自己認定的事情，即使與皇帝意見相悖，也勇於反覆地堅持。

有一次趙普向太祖推薦一位官吏，太祖沒有允諾。趙普沒有灰心，第二天臨朝又向太祖提出這項人事任命事項請太祖裁定，太祖還是沒有答應。

趙普仍不死心，第三天又提出來。

連續三天接連三次反覆地提，同僚也都吃驚，趙普何以臉皮這樣厚。太祖這次動了氣，將奏摺當場撕碎扔在了地上。

但趙普自有他的做法，他默默無聞地將那些撕碎的紙片一一拾起，回家後再仔細黏好。第四天上朝，話也不說，將黏好的奏摺舉過頭頂立在太祖面前不動。

太祖為其所感動，長嘆一聲，只好准奏。

同樣的內容，兩次、三次不斷地反覆向對方說明，從而達到說服的目的。運用這種方式，須有堅韌的性格才行，內堅外韌，對一時的失敗，絕不灰心，找機會反覆地盯上門去。

需要注意的是，運用此法要有分寸，超過限度，傷害了對方的感情，反而會得到反效果。所以要謹慎處理，以不過度為限。

變相「要脅」

有一位幼兒園的老師是個非常熱心的教育家。一天，她到附近的圖書館去想借一些有關幼兒教育的書籍。她詢問圖書館內的管理員：

「一個禮拜能否借二十本書？」

圖書館的管理員告訴她：

「一個人一次只能借走三本，這是無法通融的。因為要借書的人並不只你一個人。」

幼兒園老師聽了這些話後，很激動地說：

「我知道，那麼，以後我每週都帶幼兒園的小朋友來，讓他們每人都借一本。」

原來很頑固的圖書館管理員，聽了她的話後，突然改變了態度，取消了原來的規定。

在這件事上，最令人痛快的莫過於，當幼兒園的老師提出要讓每一個幼兒來借書時，圖書館管理員就打破了要遵守規定的規則。

為什麼幼兒園老師能使這個固執的管理員改變他一貫的原則呢？主要是因為潛在的心理起作用。幼兒園老師採取的是聲明「可以遵守規則」，但「我每週都帶幼兒園的小朋友來給你添麻煩」的策略，這裡有兩種潛在心理：「要遵守規則」和「厭惡太過於瑣碎繁雜的工作」，管理員在權衡兩者後，由於實在不願意讓每個孩子都來借書，使自己工作更複雜，所以只好違背規定。

審時度勢，善於變通

敏銳的眼光和判斷力是辦事成功的必備素質。任何事情在局勢明朗之前，肯定都會有其前兆。具有慧眼的人，能根據這些細微之處正確判斷事態的發展，採取相應的行動。年輕人要想獲得成功，就必須把自己培養成能判斷形勢的高手，從而把行動的主動權牢牢掌握在自己手中。

所謂「未雨綢繆」，通常是在採取重大變動前就根據具體情況做好周密的準備，這是一種很理智的做法。人生每逢重大變動可能都無法預料事態的發展情況，因此，未雨綢繆就顯得特別重要。

生活紛繁複雜，永遠有許多無法預測到的問題會發生。世界變化如此之快，唯一辦法就是培養應變能力。要準備隨時改變方向、改變過去的思維方式，適應對手的變化……這是積極的做法。

「靈活是辦事高手的基本能力之一。窮則變，變則通，通則久。許多不能辦成的事，如果能夠採取變通的方法處理，就有可能取得成功。」

戰國時，莊公把母親姜氏放逐到城穎，臨行他發誓道：「咱們不到地底下，別想見面！」

　　穎考叔聽說了這件事，就親自進貢禮物給莊公。莊公宴請他，他吃的時候單獨挑出肉來放在一邊，莊公問他為什麼，他回答道：「小臣有老母親，我想把肉給她嘗嘗。」

　　莊公說：「你有母親可以送食物，唉，我卻沒有！」穎考叔說：「請問這是什麼意思？」莊公把發誓的事告訴他，並且說後悔不已。穎考叔說：「您擔什麼心呢！要是挖個地道，然後您和姜夫人透過地道來見面，誰會說您違背了誓言呢？」

　　於是，莊公照他的話去辦。當莊公走進地道時他朗誦了兩句詩：「走進地道裡，快樂真無比！」姜氏走出地道時也朗誦了兩句詩：「走出地道門，高興難形容！」從此，母子兩個就和好了。

　　有時候，人人都可能說些看起來沒有退路的絕情話，過後又常常後悔，但話已不能收回。此時，不妨將說過的那些話從字面上圓通一下，在詞義上作點文章，這樣既可以收回原話，又可以為自己挽回面子。這就是善於變通的技巧。

▌別人請你幫忙時怎麼辦

　　　君子有所為，有所不為。

　　　　　　　　　　　　　　　　　── 孔子

　　高明的人會誠懇地把自己融入別人的生活中，給予別人善意的幫助，同時也使自己快樂和充實。自私的人卻無視這一點，只知道拚命而冷漠地從別人那裡為自己索取和爭奪什麼。事實上，沒有什麼比幫別人辦事更能表現一個人寬廣的胸懷和慷慨的氣度了。對一個失意的人說一句鼓勵的話、扶起一個跌倒的人、給予一個沮喪的人一份真摯的祝福，你一點損失也沒有，但對一個需要幫助的人來說，卻是慷慨的幫助。

對於一個身陷困境的窮人，一點點錢便可以使他不餓肚子；對於一個執迷不悟的浪子，一次誠懇的交心便可能使他建立起做人的尊嚴與自信……

所以，不要吝於幫助他人。

當你正在專注於某項工作，或正全心投入一份你所熱衷的事業，或沉浸於你所賴以生存的一份工作時，卻受到了來自朋友、親戚、同學或同事的求助等份外事情的干擾，此時需要你拿出時間、花費心思和精力去解決它。

如果你答應這些分外之事，勢必影響你正在進行的工作，你也許會因此而感到不愉快、不甘心。但是如果拒絕了，你也會感到心理不安，還可能帶來一些意外的麻煩。如會遭到別人對你的誤解，受到無謂的攻擊，受到周圍人的冷淡，你同樣會過得不舒服、不愉快。這時該怎麼辦呢？

同事、朋友求助等分外之事，也許只是暫時占去了你的部分時間，從長遠看，犧牲這一點時間實際並沒有對你造成多少損失。而在幫助別人的同時，自己也在收穫助人的快樂，因此對你沒有什麼損失；反倒是由於你幫助了別人，方便了別人，因而獲得了良好的人際關係，這種美好的效應或許你一時無法明顯地感覺到，但是如果你經常給人方便，常替別人分擔解憂，幫助別人，日積月累，將會使你結下許多善緣，這與你當初因幫助別人而損失的一點時間完全無法相比。

值得注意的是，樂於助人並非毫無原則。

不合情理的事不能幫忙

若對方的求助是不合常理的事情，則應該果斷地說「不」。如某個人做生意賺了點錢，他的親戚們馬上跑來找他借錢，這個說家裡有人病了，那個說孩子要上學，而賺的錢卻有限，或許還要再投入一部分才能繼續做生意，實在很難讓他們都滿意，這時是可以委婉拒絕的。

當有人要求你違反法律、道德去幫他辦事時，絕不能因為你們關係好就

喪失了原則立場。又比如有人要你造謠誹謗或作偽證，對於這一類的事情，一定要嚴詞拒絕，因為這樣的事情不但涉及到第三者的切身利益，更涉及到自己的切身利益。

做不了的事不能幫忙

對於別人的求助，首先應該認真考慮這件事自己是否真的有能力做到，要綜合考慮事情的難易程度和它的可行性及整個客觀環境，然後再決定接受或拒絕。

有時對於上司託付的事，憑自己的能力所不能而做不到，但礙於面子又不敢不答應。其實遇到這一類情況時，應誠懇地向上司解釋自己不能做的原因，委婉拒絕，只要原因在理，相信上司還是會理解的。如果硬是礙著面子接受下來，一旦事情搞砸了，上司反而會更有意見。

沒有把握的事情不要硬接

對於別人提出的要求，有時我們自己也沒有把握一定能辦到，在這時應該謹慎一點，認真衡量自己的能力，千萬不要打腫臉充胖子，為了顯示自己的能力就硬接下來，結果沒辦成。這樣不僅會傷害與對方的關係，還會給對方造成愛說大話、吹牛的印象，有點得不償失。

不要亂管閒事

當別人有困難來求助時，你應熱情地幫助別人，但若別人沒有跟你說自己遇到困難時，千萬不要亂管別人的閒事，以免鬧出不愉快的事情來。

就像有的人很熱心，與鄰居相處時，自己家做了什麼好吃的就往鄰居家送，沒事就喜歡去鄰居家聊天，見鄰居天天出去打水，便主動提出幫鄰居家燒水。但他的鄰居偏偏又是那種不喜歡與人來往的人，對於他的熱心當成一

種負擔，一聽見有人敲門就心驚膽戰，怕他又送什麼東西來還不起這人情，久而久之，終於忍不住向他說明，不要再往家裡送東西了。而他還百思不得其解，為什麼鄰居會如此冷淡。

幫助別人要有個「度」，超過了這個度實在令別人很難接受。古語說：「照塔層層，不如暗處一燈。」這意思是說，當燈火耀眼時，你給別人送燈那就是「添亂」；當別人摸黑行路時，你送一燈別人自然會感激你。

當別人提出了某項要求或請求時，出於面子和感情的緣故，往往會不假思索地接受對方的要求，但接受了之後才發現，有些事情並不是想做就能做的，而是因為種種客觀原因，有些事情做不了。因此，當別人麻煩你做事時，首先要考慮自己的能力，如果能辦得成就接受，辦不成就誠懇地向對方說明。

▌智慧錦囊：辦事請求巧妙提

最困難的職業是怎樣做人。

—— 何塞・馬蒂（José Julián Martí Pérez）

每個人都有這樣的體驗，要想在社會上體面地立足和處世絕非易事。今天要辦這件事，明天要辦那件事，每一件事幾乎都不是一個人能夠獨立辦成的。因為人的社會性決定了任何人都不是獨立存在的。而利益的社會性又決定了人們辦事的難度。因為很多事都是對利益的追逐、交涉和競爭。辦事的過程是一個對利益的求索、角逐和分割的過程。所以，「辦事難」其實就難在對各種社會利益的競爭上。

從一定意義上說，這個世界上的一切好的東西都是給能辦事和會辦事的人預備的，包括財富、地位、榮譽和一切與人生幸福沾邊的東西。這一切都被社會上一把隱形的尺撥到了能辦事和會辦事者的一邊，而不會辦事的人卻大都被

置於對各種利益乾瞪眼的角色上。這顯然是令人十分悲哀和遺憾的事情。

一個人辦事能力強，在工作上就會得到上司的賞識和器重、在社會上得到朋友的擁戴和尊重、在事業上得到各方的支持和幫助、在家庭上得到美滿的婚姻和愛情。以下，我們將介紹巧妙提出辦事請求的十個方法。

- 謙恭請求：透過抬高對方、貶低自己的方法，把有關請求表達出來，顯得彬彬有禮、十分恭敬。

  「您德高望重，就不要推辭了，弟子們都在恭候呢！」

  請求別人幫助，最傳統有效的做法是盡量表示虔敬，使人感到備受尊重，樂於接受。

- 述因請求：在提出請求時把具體原因講出來，使對方感到很有道理，應該給予幫助。

  「隔行如隔山，我也不知道人家那邊的規矩。您是內行，就請您替我出出主意吧！」

  在提出請求時，如果把有關理由講清楚，就會顯得合乎情理，令人欣然接受。

- 乞諒請求：首先表示請求對方諒解，然後再把自己的願望或請求等表達出來，以免過於唐突。

  「恕我冒昧，這次又來麻煩您了。」

  請求別人原諒，這是透過禮貌用語進行交際的最有效方法，人們常常使用這種方式來進行交流，顯得比較友好、和諧。

- 縮小請求：盡量把自己的要求說得很小，以便對方順利接受，滿足自己的願望和要求。

  「您幫我解決到這一步已使我感激不盡了，其餘的我將自己想辦法解決。」

我們確實經常發現，人們在提出某些請求時，往往會把大事說小，這並不是有意掩蓋辦事的難度，而是從內心想適當減輕給別人帶來的心理壓力，這樣既提出了請求，使自己便於啟齒，同時也表示了自己並沒有將難辦的壓力都推到對方身上。

· **借機請求**：借助減輕話語的壓力，避免唐突，充分維護對方的面子。

「不知你可不可以把這封信帶給他？」

（比較：幫忙把這封信帶給他！）

我們可以發現，語言中有很多緩衝詞語，只要使用得當，就會大大緩和說話的語氣。

· **遲疑請求**：首先講明自己本不情願打擾對方，然後再把有關要求等講出來，以達到請求目的。

「這件事我實在不想多提，但形勢所迫，不知道您能否幫助？」

在提出要求時，如果在話語中表示自己本不願意說，這樣就會顯得自己比較有涵養。

· **激將請求**：透過流露不太相信能成功的想法，把請求、建議表達出來，給對方和自己留下充分考慮的餘地。

「你可能不想去，不過我還是想麻煩你去一趟。」

請別人幫忙或者向別人提出建議時，如果在話語中表示人家如果不具備有關條件或意願時，就不應強人所難，自己也顯得很有分寸。

· **間接請求**：透過間接的表達方式（如使用疑問句等），以商量的口氣把有關請求提出來，講得比較婉轉一些，令人比較容易接受。

「你可以盡快幫忙我處理這件事嗎？」

（比較：趕快把這件事處理一下！）

透過比較，我們不難看出，間接的表達方式要比直接的表達方式禮貌得多，因而更容易得到對方的幫助或認可。

· **體諒請求**：首先說明自己了解並體諒對方的心情，再把自己的要求或想法表達出來。

「我知道這臺檢測儀你們也在用，不過我們的那臺壞了，實在沒辦法，只好向你借用兩天，用完立即歸還。」

求人的重要原則就是充分體諒別人，這不僅要在行動中體現出來，首先就要在言語當中表示出來。

· **自責請求**：首先講明自己知道不該提出某個請求，然後說明為實情所迫不得不講出來，令人感到出於無奈。

「真不該在這個時候打攪您，但是實在沒有辦法，只好麻煩您一下。」

在人際交往中，要知道在有的時候、有些場合打攪別人是不適合的，不禮貌的，但這時又不得不麻煩人家，這就應該表示知道不妥，求得人家諒解，以免顯得冒失。

第七章　百折不撓　勇於擔當

▌像胡楊一樣堅韌

古之立大事者，不唯有超世之才，亦必有堅忍不拔之志。

—— 蘇軾

有誰會喜歡一個懦夫呢？—— 就是懦夫也未免會喜歡懦夫。沙漠裡的胡楊，能夠在乾涸得冒火的沙漠中生存千年不死，死後千年不倒，倒後千年不朽……站著是一棵樹，倒下是一座橋。胡楊，它以堅強的韌性、決心、意志和鬥志，讓自己贏得了人們的驚嘆、尊敬與讚賞。

如果像胡楊一樣勇敢，不被任何困難嚇倒，不被任何挫折擊垮，那麼這個人同樣會得到人們的驚嘆、尊敬與讚賞。

在法國的奧弗格納城保衛戰中，一個巡邏的戰士，被困在被包圍的城堡中。他不斷地對敵人進行射擊，從一個窗口換到另一個窗口，這樣就可以有效地保護自己。而當整個城市的投降協議簽署完畢之後，對方要求城堡中的「部隊」也出來投降。然而，令所有人感到吃驚的是，只有一個人走了出來，就是那個「最勇敢的法國第一槍手」，而且他還架起了自己的武器。奧地利軍隊的指揮官對著他大叫：「你們整個部隊必須放棄城堡！」接著又問：「你們的部隊在哪裡？」這個唯一還在守衛城堡的戰士驕傲地答道：「我就是。」

加里波第（Giuseppe Garibaldi）的統治力量達到了一種驚人的程度。在羅馬，他召集了四十名志願軍去攻打一個地方，大家知道此去凶多吉少。必定會死傷過半。然而，四十名戰士都向前沖去，儘管要走過很長的路，生死難料，但他們是如此渴望服從軍隊的命令，以至於願意不顧一切地奮勇向前。

任何一個人都不是磁鐵，那麼到底是什麼東西使他吸引別人或被別人吸引呢？人們最終不由自主地進入上司的團體中，他把人們吸引到自己的身邊，建立起了一個團隊，從此，他就成了最強大的人物。

有一位名叫喬治的先生，人們稱他為「紳士喬治」，他是一位年輕的軍官，一位戰爭作家曾經提到過他。而「紳士喬治」把自己所有業餘時間都花在了學習上，他每天堅持讀《聖經》。軍營生活基本上都是在公共空間，他很少會有私人的空間，喬治經常遭到同伴們嘲笑。他製作了一張有關軍營所在地鄉村的詳細地圖，得到了上校的讚賞；而當有一個士兵不顧軍紀，瘋狂地闖入營地時，喬治用力逮住了他；有一次在戰場上，喬治在敵人火力所及的範圍內迅速地衝出去，救回了一位受傷的軍官。在這些事件發生後，當「紳士喬治」坐在那兒讀他的《聖經》時，就再也沒有人取笑他了。

奧里森·馬登（Orison Marden）說：最高貴的紳士，他以不可動搖的決心來選擇正義的事業；他能完全抵制住最不可抗拒的誘惑；他能面帶微笑地承受著最沉重的壓力；他能以平靜的心態來面對最猛烈的暴風雨；他能以最無畏的勇氣來對付任何威脅與阻力；他能以最堅韌的個性來捍衛對真理與美德的信仰。

鋼鐵般的意志

在這個世界上，鋼鐵般的意志力創造出了很多壯麗的奇蹟。它可以將很多不可能的事都變成現實。它使拿破崙在深冬季節翻過了阿爾卑斯山；它使法拉格特（David Farragut）和杜威（George Dewey）衝破敵人的大炮、地雷和水雷的封鎖；它使納爾遜（Vice Admiral Horatio Nelson, 1st Viscount Nelson）和格蘭特（Ulysses S. Grant）獲得了勝利；它是世界上一切發現、發明和藝術的最偉大動力；它使人們在戰爭中獲得了無數不可能的勝利；它使人類取得許許多多曾經被認為是不可能的科學成就。

堅強的意志力使納爾遜獲得了英國艦隊的控制權，不僅僅是獲得一個頭銜，還為他自己在倫敦的特拉法爾加廣場上樹起了一座雕像。他說：「當我對戰鬥的決心和信心產生動搖的時候，我立即義無反顧地去選擇戰鬥。」這正

是他性格特徵的寫照。

當賀雷修斯（Horatius）和兩個同伴與九萬托斯卡納軍隊不斷周旋，直到通往臺伯河的橋被炸毀時；當威靈頓（Arthur Wellesley，1st Duke of Wellington）轉戰各地而從未被擊敗時；當內伊（Michel Ney）不下一百次地把戰場上注定的敗局轉變為輝煌的勝利時；當謝里丹（Philip Sheridan）在北方聯邦軍撤退時從溫徹斯特趕來，為聯邦軍指明路線扭轉局勢時；當薛曼（William Tecumseh Sherman）得知他們的領袖即將來臨，用訊號通知他的手下堅守陣地時，都是堅強的意志力使這一切得以實現。

歷史的舞臺提供了數以千計這樣的例子，這些人抓住了偶然的機遇取得了那些缺乏意志力的人認為是不可能的成就。

當巴黎處於暴民的控制之中，當權者萬分恐慌之時，一個人站出來說：「我知道有一位年輕的軍官可以控制這場暴亂。」

「寫信給他。」

拿破崙收到了信。他來了，他平息了暴動，征服了當權者。然後，他統治了法國，接著征服了歐洲。

1796 年 3 月 10 日，拿破崙面對奧地利人的攻勢，在羅迪架起橋，在橋的這邊集結法國軍隊。他的後面是 6000 人組成的軍隊。拿破崙在橋頭集合了 4000 名榴彈兵，前面又布置了 300 名槍手。隨著第一聲戰鼓的敲響，最前面的士兵在一片散彈的爆炸聲中衝過了街牆的掩護，試圖通過大橋的入口。但突然間，衝在最前面的士兵紛紛倒下，如同收割機前的稻穀一般。緊接著，整個法國軍隊停滯不前了，有人甚至開始退縮了，英勇的榴彈兵也被眼前的情形嚇得驚慌失措。

拿破崙一言不發，甚至沒有流露出一點責備的意思。他親自來到隊伍的最前面，他的助手和將軍也沖到了他的身旁。由拿破崙打頭陣的這支隊伍跨過前進道路上的士兵屍體快速前進，僅用了幾秒鐘就越過了幾百碼的距離。

奧地利人射出的子彈根本不能阻止法軍快速前進的步伐。對於奧地利軍隊的射擊手來說,法軍前進的速度實在是太快了。

奇蹟就在突然之間出現了:奧地利的炮手幾乎在瞬間放棄了他們的武器,他們的後援也沒有膽量衝上前與法國士兵交戰,而是在驚恐中四散逃跑了。就這樣,拿破崙站在了征服奧地利的前夜。與其說拿破崙用武力征服了對手,還不如說他用勇氣征服了對手。

個人英雄事蹟往往是強大意志力的表現。這一點也正是惠勒將軍(Joseph Wheeler)在無與倫比的戎馬生涯中取得成就的基礎:他 23 歲成為中尉助理;24 歲成為陸軍上校;25 歲成為陸軍準將;26 歲成為陸軍少將;27 歲成為軍隊司令官;28 歲成為副總司令。

惠勒將軍所騎過的馬有 16 匹死在胯下,更多的馬受了傷。他的馬鞍裝備和衣服經常被敵人的子彈射中。他有三次負傷,一次生命垂危。他手下的 32 名軍官與副官受過傷,其中有的英勇犧牲。而幾乎每一次這些人都是站在惠勒身邊。惠勒用他的魅力吸引與鼓舞著他們。

堅忍不拔的鬥志

堅忍不拔的鬥志是所有偉大成功者的共同特徵。他們也許在其他方面有缺陷和弱點,但是堅忍不拔的鬥志在每一個成功者身上是不可或缺的。無論他處境怎樣,現實使他如何失望,任何苦工都不會使他厭煩,任何困難都不會打倒他,任何不幸和悲傷都不會摧毀他。過人的才華和豐厚的天賦都不如堅持不懈的努力更有助於造就一個偉人。在生活中最終取得勝利的是那些堅持到底的人,而不是那些自認為自己是天才的人。但是,很少有人能夠完全理解這一點:傑出的成就都源於堅強的意志力和不懈的努力。

傑出的鳥類學家奧杜邦(John James Audubon)在森林中艱苦工作了許多年。但是,當度假回來時,他發現自己精心創作的兩百多幅極具科學價

值的鳥類繪畫都被老鼠糟蹋了。回憶起這段經歷，他說：「強烈的悲傷幾乎穿透我的整個大腦，我連續發燒了好幾個星期。」但過了一段時間後，他的身體和精神都得到了一定的恢復。他又重新拿起槍，拿起背包和筆，重新走向了森林深處。

　　無論一個人有多聰明，如果沒有堅忍不拔的精神，他就不會在一個群體中脫穎而出，更不會取得成功。許多人本可以成為傑出的音樂家、藝術家、教師、律師或醫生，但就是因為缺乏這種傑出的精神，最終一事無成。

　　堅定的決心是一種力量、一種魅力，它使別人更加信賴你，每個人都信任那些有決心的人。實際上，當他決心做這件事情時已經成功一半了，因為人們都相信他會實現自己的目標。對於一個不畏艱難、勇往直前、勇於承擔責任的人，人們知道反對他、打擊他都是徒勞的。

　　堅韌的人從不會停下來想想他到底能不能成功。他唯一要考慮的問題就是如何前進，如何走得更遠，如何接近目標。無論途中有高山、河流還是有沼澤，他都會去攀登、去穿越。而所有其他方面的考慮，都是為了實現這個終極目標。

▌困境是人格的試金石

你若失去了財產 —— 你只失去了一點兒；你若失去了榮譽 —— 你就丟掉了許多；你若失去了勇敢 —— 你就把一切都失掉了。

—— 歌德

　　人要是沒有經歷過困境，就很難發現自己真正的潛能；人要是從未遇到極大的挫折或是未曾遇到嚴重的打擊，那麼他就不可能知道如何喚起自己內部蘊藏的力量。

　　馬克思（Karl Marx）指出：要檢驗一個人的品格，最好是看他處於困

境中的行動。一個人身處困境，能否讓他產生更多的計謀和新的智慧，能否激起他潛在的力量；在受到挫折以後，他是對事物的決斷力增強了，還是心灰意冷從此一蹶不振了，這些都是一個人的品格的具體表現。

愛默生說：「偉大人物最明顯的特徵就是他們堅定的意志，不管外部的環境和自身的處境惡化到何種地步，他們最初的信念和希望都不會有絲毫的改變，因此，他們最終能夠克服種種困難，達到預期的目的。」

「跌倒了再站起來，在失敗中求勝利」，這是很多偉人的成功祕訣。

有一個人問一個小孩，你是怎樣學會溜冰的。那個小孩回答道：「哦，跌倒了再爬起來，爬起來再跌倒，就學會了。」使一個人成功，軍隊取得勝利，實際上正是這種「屢敗屢戰」的精神。

真正的失敗不是跌倒，跌倒了爬不起來才是真正的失敗。

也許過去的一切，對一些人來說是一部極其痛苦和失望的傷心史。所以，有的人回想起過去，就會覺得自己處處失敗，碌碌無為，一事無成，他們竟然在自己最熱衷最希望成功的事情上失敗了，甚至連親人和朋友都棄他而去。他們或許是失業，或許是生意失敗，經營不當而破產，或是因為種種原因不能使自己的家庭得以維繫，這些在一般人看來，似乎是前途渺茫，一切黯淡，然而，即便有上述的種種不幸，只要你不甘心，不屈服，勝利就在前方向你招手。

困境，其實是對一個人人格的檢驗。

一個人如果失去了一切，包括金錢、地位，甚至親人和朋友，只剩下自己的大腦和雙手時，他內在的力量到底還有多少？沒有勇氣繼續奮鬥、自認失敗的人，那麼他的能力就會迅速消失殆盡；而只有那些勇於正視現實、直面人生、無所畏懼、勇往直前、永不放棄的人，才會在自己的生命裡覓得良機，發揮自己內在的潛能，他的能力也會在一時突飛猛進。

有的人或許認為，已經失敗多次了，所以再做任何嘗試也是徒勞無益

的，這種自暴自棄的想法真是太可悲了！對意志堅定，永不屈服的人而言，永遠沒有所謂的失敗。無論成功是多麼遙遠，失敗的次數是多少，最後的勝利仍然在他的期待之中。

狄更斯（Charles Dickens）在他的小說裡講到了一個守財奴史古基，最初是一個愛財如命、一毛不拔、殘酷無情的傢伙，他可以把全部的心思放在賺錢上。可是到了晚年，他竟然變成了一個慷慨的慈善家，一個寬宏大量、真誠愛人的人。狄更斯的這部小說並非完全虛構，世界上也真有這樣的事實。人的性格可以從惡劣變為善良，人的事業又何嘗不能由失敗走向成功呢？現實生活中，這樣的例子其實也不少，許多人失敗了再站起來，抱著不屈不撓、勇往直前的精神，向前奮進，最終獲得成功是註定的。

生活中，有無數的人已經喪失了他們所擁有的一切，只要他們保持有一顆不屈不撓的心在奮鬥，一種堅忍不拔的精神在抗爭，就不能叫做失敗者。

世間真正偉大的成功者，對世間所謂的成敗並不在意，正所謂「不以物喜，不以己悲」。這種人無論面對多大的失望，也絕不會亂了手腳，這樣的人最後一定會獲得勝利的。在暴風驟雨襲來時，那些心靈脆弱的人唯有坐以待斃。而在這個時候，如果他們的自信還在，信念還在，而且他們能夠鎮定下來的話，他們就能憑藉他們的無畏精神克服外在的一切困難，去獲得成功。

勝利屬於穿越荊棘的勇敢者，鮮花與掌聲屬於穿越荊棘的勇敢者。

一個永不喪失勇氣的人是永遠不會被打敗的。就像彌爾頓（John Milton）說的——

即使土地喪失了，那有什麼關係。
即使所有的東西都喪失了，
但不可被征服的志願和勇氣
是永遠不會屈服的。

一位睿智的羅馬哲學家塔西佗（Gaius Cornelius Tacitus）這樣曾說：「諸神帶著濃厚的興趣，看護著超常的勇氣。」

今天，就像昨天一樣，透過一個人內在的精神來評價這個人。而人本身是由他的決心、意志力和勇氣創造的。如果人的身上有一種完美的精神，一種堅強無畏的精神，那麼這個世界會注意他。他也代表了某種特殊的東西，許多人將會被他的勇氣而懾服，他就是一個有魅力的創造者和成功者。

當人們認為他們可以依靠你，認為你是一個值得信賴的、健康的和不可征服的人的時候，你的生活將獲得某種特殊的價值。而這價值可以幫助你在社交生活中占據重要的位置，以此讓你充滿魅力。即使你犯了錯，但如果你勇於去坦誠地認錯，那麼你將從中獲得巨大的利益，你今後的話語才會更有分量，你的魅力將會影響到很多人。

如果你有這樣一個不可戰勝的靈魂，那麼無論在你身上發生什麼事，都無法影響到你。當你意識到自己從偉大的造物主那裡獲得源源不斷的能量時，任何能真正影響到你的事情都不會發生在你的身上。無論什麼事情降臨在你身上，你都可以保持住內心的平衡。

儘管我們從小就聽說過許多表現出勇氣的英雄故事，但我們更需要在日常生活中擁有同樣的勇氣。無論發生了什麼事情，平靜地帶著微笑去面對這個世界，這需要極大的勇氣。永遠相信自己，不要隨波逐流，這更需要勇氣。

▌承擔起你行動的後果

果敢無戰不勝，剛毅無征不服。

——亞歷山大

　　俗話說：一人做事一人當。不管你的言行舉止為你帶來了什麼樣的結果，你都要直面承擔。一個負責任的人，給他人的感覺是值得信賴與依靠。而對於一個說話做事不負責任的人，沒有人願意走近他、支持他、幫助他。

　　戴爾·卡內基（Dale Carnegie）有一次在電臺發表演說，談論一本名著的作者。由於不小心，他兩次把這位作者的故居康科特鎮說成在新罕布夏州，而正確的是在相鄰的麻薩諸塞州。結果，卡內基的錯誤遭到了不少來信來電者的指責批評。一位從小在康科特鎮長大的女性，甚至寫來一封憤怒並夾雜辱罵的信。卡內基幾乎被激怒。

　　但是卡內基克制了自己準備回擊的衝動，他知道互相指責和爭論是毫無意義的。自己錯了，就應該主動迅速地承認，這才是最好的策略。於是他在廣播裡向聽眾認錯致歉，事後還特意給那位侮辱他的女性打電話，向她承認錯誤，並表示歉意。

　　結果那位女性反而為自己寫那封發洩憤怒的信感到慚愧。她說：「卡內基先生，您一定是個大好人，我很樂意和您交個朋友。」卡內基主動承認錯誤的策略，化干戈為玉帛，將一個憤怒的人變成了一個和善的朋友。卡內基認為，任何人都會犯錯誤。如果我們錯了，自己主動承認，不是比別人來指責批評更好受嗎？而且，一個人有勇氣承認自己的錯誤，還可以獲得某種程度的滿足感。

　　事實上很多成功的人都是勇於承擔責任的人，失敗的人都是害怕承擔責任的人。失敗的人會為自己的失敗尋找各種各樣的藉口，而成功的人在面臨失敗和錯誤以後，能夠及時地尋找出問題的癥結點，並努力克服和改正。或

許可以這樣說：「只有勇於承擔責任的人，才是主宰自我生命的設計師，才是命運的主人，才能獲得生命的自由。」

勇於承擔責任，別人就會被你的態度所打動，對你產生信任。信用越好，人緣就越好，機會就越多，就愈能打開成功的局面。雖然在做事的過程中，每個人都會犯錯，但是一定要能自己主動承認錯誤，不推卸責任，這樣才能贏得別人的尊重。

「一切責任在我」。1980 年 4 月，在營救駐伊朗的美國大使館人質的作戰計畫失敗後，當時的美國總統吉米‧卡特（James Earl "Jimmy" Carter, Jr.）立即在電視裡作了如上的聲明。

在此之前，美國人對卡特總統的評價並不高。甚至有人評價他是「誤入白宮的歷史上最差勁的總統」。但僅僅因為上面的那一句話，支持卡特總統的人居然驟增了 10% 以上。

韋恩博士（Wayne Walter Dyer）說：「把責任往別人身上推，等於將自己的力量拱手讓給他人。」年輕人必須學會承擔起自己行動的後果。

沒有責任的生活就輕鬆嗎？有時候逃避責任的代價可能還更高。不必背負責任的生活看起來似乎很輕鬆、很舒服，但是他們必須為此付出更大的代價。因為我們會成為別人手上的球，必須依照別人為我們寫的劇本去生活。

生活中最大的滿足就是發掘自己的潛能。如果我們不為自己負責，不可能提升魅力。

別把責任往外推

一位大學心理學教授說：「一個人發展成熟的最明顯的標準之一，是樂於承擔起由於自己的錯誤而造成的責任。有勇氣和智慧承認自己的錯誤是不簡單的，尤其是在很固執和愚蠢的時候。我每天都會做錯事，我想我一生幾乎都會是這樣。然而，我試圖在一天裡不把同一件事情做錯兩次，但想在大部

分時間裡都避免這種錯誤，那就不是件容易的事了。可是，當我看見一支鉛筆的時候，我就會得到一些寬慰。我想，當人們不犯錯誤的時候，人們也就用不著製造帶有橡皮頭的鉛筆了。」

「不要問你的國家為你做了什麼，而要問一問你為國家做了什麼。」這是約翰·甘迺迪當年競選總統的演說詞。

有些事情是不能影響你什麼，卻可以決定對這些事情的看法和反應，如此一來，你還是擁有了力量。「責任」意味著沒有任何事物可以改變你的想法和完整性，因為你是以你的身分回應所有事物的。你可以決定你的生活方式，這種想法讓你生活滿足，並成為最好的你。如果你能勇於承擔自己的責任，未來的生活方式將完全不一樣。

把責任往別人身上推，是一種赤裸裸的劣根性。當你把責任往別人身上推的同時，等於將自己的人格也推掉了。輕易地將責任推給別人，然後又若無其事地站在一旁抱怨都是公司的錯，害我不能發揮所長；都是同事的錯，或我的健康狀況害我不能怎樣等，那麼我們希望讓公司、同事和健康來操控我們嗎？

如果我們過去曾犯過錯，現在該怎麼辦呢？責任的歸屬又如何？過去發生的事，其影響力有時會延續到今後。如一個男人離了婚必須付贍養費，也有人毀了自己的健康，日後在飲食上的禁忌一大堆，或有人犯了罪，最終難逃牢獄之災。

很明顯，我們自己決定我們的行為，也必然招來這些行為所帶來的後果。蹺蹺板原理正說明這種連鎖反應。所以我們應該以更負責的態度去生活。

▍勇於承認自己的錯誤

勇氣是一個人處於逆境中的光明。

—— 佚名

有一位教師朋友，他們學校對他的教學工作頗有微詞。一位和他相識的教授曾說了一些對他輕蔑的話，這些話被傳到他耳裡，他只好忍氣吞聲。後來有一天他接到這位教授的來信。那時教授已離開了學校，調到某新聞部門從事編輯工作。教授來信說，以前是自己看走眼了，希望得到原諒。此時，我朋友對該教授的敵意便煙消雲散了，並極其感動，馬上回信並表示敬意。從此，他們便成了好友。

由此可以看到，承認自己的錯誤不但可以彌補破裂的關係，而且可以增進感情。但要有勇氣承認自己的錯誤也不是一件容易的事情。有一位名人曾經說過：「人們勇於在大眾面前堅持真理，但往往缺乏勇氣在大眾面前承認錯誤。」有些人一旦犯了錯誤，總是列出一萬個理由來掩蓋自己的錯誤，這無非是「面子」在作怪，他們以為一旦承認自己的錯誤，就傷了自尊，丟了個人面子。這種想法，無異於在製造更多的錯誤，來保護第一個錯誤，真可謂錯上加錯。

古人說過：「人非聖賢，孰能無過，過而能改，善莫大焉。」意思是說，人都會有過失，只要能認識自己的過失，認真改正，就是有道德的表現。孔子曾把「過失」比喻為日食與月食，無論怎樣對待大家都會看得清清楚楚。因此，最好的辦法是坦誠自己的錯誤，借助承認錯誤而表現出更人性化，使別人對我們的看法也更具人性。知道自己犯錯，立刻用對方欲責備自己的話自責，這是聰明的改正方法，這會使雙方都感到愉快。

每個人都有自己的自尊心和榮譽感，如果肯主動承認自己的錯誤，這不僅不會使自尊受到傷害，而且也會為自己品格的高尚而感到快樂。

　　事實上，自覺承認自己的錯誤，不但可以增加互相了解和信任，而且能增進自我了解進而產生自信心。有時候，人們非要等到自己看見並接受自己所犯的錯誤時，才能真正了解自己的能力。當年的亨利福特二世（Henry Ford II）就是從錯誤中學習，並真正了解自己的能力的。當年二十六歲的亨利福特二世接任了福特汽車公司的總裁。上任後，他的創新、實驗和努力避免錯誤產生的做法，扭轉了公司的命運。有人問他，如果讓他從頭再來的話，會有什麼不同的表現。他回答道：「我只能從錯誤中學習，因此我不認為自己可能有什麼與眾不同的作為，我只是盡量避免重犯不同的錯誤而已。」

　　承認自己的錯誤不是恥辱，而且是真摯和誠懇的表現。其實，人本身又不等於所犯的錯誤，承認自己的錯誤，更顯示你人格的偉大。但是認錯時一定要出於真誠，不能虛情假意。真誠不等於奴顏婢膝，不必低三下四，要堂堂正正，承認錯誤是希望糾正錯誤，這本身是值得尊敬的事情。假如你沒有錯，就不要為了息事寧人而認錯，否則，這是沒有骨氣的做法，對任何人都無好處。如果你是一位主管，辭退了某位不稱職的部屬，你會覺得很遺憾，但用不著認錯。

　　如果你說過傷人的話、做過損害別人的事，承認自己的錯誤會使你心胸坦蕩，這會使你踏向更堅強的自我形象，增進你的工作表現。早在 2000 年前古希臘的哲學家留基伯（Leucippus）與德謨克利特（Democritus），就從自己錯與別人錯的比較中，明確地指出：「譴責自己的過錯比譴責別人的過錯好。」不明智的人才會找藉口掩飾自己的錯誤。假如你發現了自己的錯誤，就應盡快地承認自己的過錯，這不僅絲毫不會有損於你的尊嚴，反而會提升你的品格魅力。

智慧錦囊：勇敢與魯莽的區別

太膽小是怯懦，太膽大是魯莽，勇敢是適得其中。

—— 賽凡提斯（Miguel de Cervantes Saavedra）

所謂「勇」，是指果斷堅決，堅毅勇敢。該乘勢決勝時不逡巡，該殺敵殉義時敢衝鋒。同樣，對於企業經營，企業家之「勇」，既是在經營中率眾排難之勇，也是在競爭之險境中排險取勝之勇。

勇，要以智為先。無智不足以言勇，有智才有勇，有大智才有大勇。真正的勇者，必然是一個智者，該大勇卻使小勇不行，該小勇卻逞大勇也不行。

智與勇必須要相得益彰，光有智而無勇，是腐儒之智，是斗室之智，是不經風雨之智。謀要靠智，也要靠勇。用謀總是要承擔一定風險的，沒有一點勇氣，該謀時不敢去謀或縱然謀了，也不敢去實踐它，這也體現不出智的價值。三國時諸葛亮唱空城計，是智謀的傑作，也是勇氣的傑作。假如諸葛亮面臨司馬懿強大的攻勢時害怕了，不敢用空城計這個計謀了，或者雖用了，卻在城郭上撫琴時，手腕發顫了，琴音變調了，空城計也就唱不成了。這有力地說明，謀總是以一定的勇為條件的。

反過來，真正的勇也須以一定的智為內涵。張飛驍勇得很，但他也有粗中有細的表現。

曹軍劉岱進兵劉備，張飛應戰，張飛設計宣揚要偷劉岱營寨，佯醉尋事端痛打校卒，又暗中使人縱卒偷跑，該卒逃向劉岱，向其輸送了張飛要偷營的情報，劉岱上當，設空營虛席以待，而張飛出奇兵三路夾擊，劉岱大敗而被生擒。這說明，勇若被智的內容所充實，這樣的勇才是有力量的。

同時，也形象地說明了軍事中的智與勇的關係，在經營管理中也存在著同樣的道理。管理大師彼德·杜拉克（Peter Ferdinand Drucker）說：「勇

敢者只死一次，膽怯者卻經歷千百次的死。」在競爭中一個機遇被捕捉到了，也制訂出了應對謀略，但卻疑慮重重，不敢行動，使機遇丟失，這叫有謀無勇；相反，在競爭中，有利的形勢尚沒有出現，或「決戰」時刻遲遲沒有到來，企業之「將」就憑一介之勇，莽撞地作出重大的行動決策而導致失敗，這叫有勇無謀。這兩種傾向都是企業家之大忌。

有膽無謀是魯莽，有謀無膽是愚懦，有謀有膽才是勇敢。

第八章　學識淵博　品味高雅

腹有詩書氣自華

讀書之於心靈，猶如鍛煉之於身體。

—— 斯梯爾（Richard Steele）

詩人拜倫（George Gordon Byron, 6th Baron Byron）塑造了一位風流倜儻的唐‧璜（Don Juan），使異性對他意亂情迷，不知道的人以為他也和他塑造的唐‧璜一樣英俊瀟灑，其實他只是一個瘸子，因幼時患過小兒麻痺，而導致終生殘疾。

儘管知道他是一個瘸子，但當時的許多認識他的美婦淑女偏為他神魂顛倒。拜倫曾不無自負地說：「自特洛伊戰爭之後，任何一個人也沒有像我這樣被搶奪過。」他成了女性心目中的「白馬王子」。

他有什麼勾魂攝魄的魅力，使眾多的美女絲毫不介意他的殘疾，對他傾心痴迷呢？詩人的氣質風度，脫俗不凡的個性，這都會襯托出他的無窮魅力，更重要的一點就是他橫溢的才華。

當時的歐洲大陸與英倫三島不乏英俊瀟灑的美男子，但在眾多痴迷拜倫的女人眼裡，他們和瘸子拜倫相比卻黯然失色。試想拜倫若是毫不起眼的平庸之輩，他無論如何也不具備吸引異性的神奇魔力。

學識、才華得益於後天的索求，是一種知性魅力，即使是天才也莫不如此。富有學識的人，很容易受人們的讚賞和傾慕。超群的學識能使一個人聲譽卓著，而女人崇拜的就是這樣的男人，因為「男人的聲譽在女人的眼裡，猶如一朵光彩照人、遮醜掩疵的紅霞」。

學識一如浩瀚的大海，無邊無際，在不同的人身上，學識閃耀的光芒也不一樣。培根（Francis Bacon, 1st Viscount St Alban）說過：「讀史使人明智，讀詩使人靈秀，數學使人周密，科學使人深刻，倫理使人莊重，邏輯修辭使人善辯。」學識淵博的人，他的知性魅力如光束交叉彙聚，令人矚目；

即使是偏於某一方面的學識，其知識的豐富也可以吸引別人。

　　學識、才華屬於知性魅力，而最為恆久和光彩奪目的是智慧。據記載，古希臘哲學家蘇格拉底是個塌鼻梁、容貌醜陋的人，而且衣衫不整，形象落魄，更沒有「智者」、「哲人」的風度，當時卻有許多人被他所吸引，真誠、熱烈地追隨著他，即使是他的身體化作塵埃，隨風散去，可他的智慧魅力卻長久存在，並且影響著一代一代的人。

　　古人說：「腹有詩書氣自華。」意思是：知識能夠讓生命進入更深刻的內層，使心靈放出奕奕神采，從而使人的氣質與風度顯現出來。寥寥七個字，足以揭示知識與人文氣質、風度之間的關係。

　　若要「氣自華」，首先要「腹有詩書」。小時候喜歡讀冰心的文章，〈小橘燈〉、〈笑臉〉……給人一種身旁站著位慈祥的老人，諄諄教誨的感覺。後來才知道，是泰戈爾「教」她的，寫作的方法已經在她腹中。長大了些，「結識」了郁達夫，文如其名，曠達。再後來，魯迅、朱自清、巴金……每讀一本書，彷彿認識一個人：每讀懂一個人，彷彿體驗到一種奇特的生活。一旦進入那樣的境地，你就能悟出「腹有詩書氣自華」的真諦。

　　晉朝有一位大玄學家，名字叫郭象，屬閒雲野鶴之輩，潛心於研究老子莊子學說，喜與人談論玄妙的唯物主義哲理，影響很大。後來有人向朝廷舉薦，當朝丞相多次派人來誠心相邀，他推辭不過，進朝做了黃門侍郎。

　　入朝以後，皇上親自召見，經當廷測試後，對他讚賞有加。由於他知識豐富，辯才無雙，講起話來切中時弊，入情入理，玄而不空，許多文臣武將都喜歡和他結交，聽他講奇聞軼事、高談玄論。當時有一位太尉王衍，十分欣賞郭象的口才，經常在別人面前稱讚他說：「聽郭象說話，就好像一條倒懸起來的河流，滔滔不絕地往下灌注，永遠沒有枯竭的時候。」這即是口若懸河這個成語的來源。

　　北宋大詩人蘇東坡在供職「翰林學士知制誥」的時候，專為皇上起草詔書，在他任職期間，共起草了約八百道聖旨。他所擬的聖旨，妥帖工巧，簡練明確，引經據史，富有例證譬喻。他去世以後，接替他職位的人對自己的文才頗自期許，就問當年侍候蘇東坡的老僕，他比蘇東坡如何，老僕回答說：「蘇東坡寫得並不見得比大人美，不過他永遠不用查書。」這說明他的所學均已爛熟於胸。

　　郭象也好，蘇東坡也好，之所以受到眾人的歡迎和賞識，是因為他們有深厚的文化底蘊，淵博的知識修養基礎及過人的才華才使得他們具有翩翩的君子風度，良好的氣質修養。人們喜歡同智者交往，是因為可以從交往中獲取大量的資訊，得到相應的知識，和這樣的人交往，是一種美的享受。

　　用作啟發智慧的書，大致可分為兩大類：一是與工作有直接或間接關係的書；二是與工作無關，為增加興趣、提高修養、提升品格而讀的書。當然，這兩類書都可成為啟發智慧的書，在這裡我們將討論的重點放在後者。因為後者最容易被當代人所忽視。

　　劉先生是某一企業的海外行銷部主任，曾經在國外工作多年。他是一個被稱為「工作狂」的人。他的生活除了工作還是工作，是那種除了工作之外，不知其餘為何物的人。當他在美國、法國等地與企業界人士交往、應酬時，他不得不為自己知識修養的貧乏而汗顏。那些企業家們，除了本行的見解外，無論政治、宗教、哲學、歷史、文學、音樂、戲劇、美術、體育等方面，都有自己獨特的看法，尤其是他們的文學素養，更令劉先生大感驚訝。他們經常把《聖經》、《希臘神話》、《唐‧吉訶德》裡的典故掛在嘴邊，一些世界知名作家如莫里哀（Molière）、莎士比亞、托爾斯泰、馬克‧吐溫等，說起來也如數家珍。特別是那些年輕的新一代企業家，對東方文化同樣有極大的好奇心，他們懂柔道，會武術，甚至修行禪學。當他們向劉先生

談到這方面的話題時，劉先生真是尷尬得無地自容，因為他對這些事一無所知。

劉先生回國後，下定決心要在工作之餘，抽出時間來讀書。他希望自己成為一個知識豐富且有涵養的企業家。一般來說，要了解各國的歷史、文化及民族性，最佳的方法，就是讀古典作品。於是，他決定把重點放在閱讀古典文學作品上。

劉先生的工作非常忙碌，他只能在午休時間，在公司的圖書室，邊吃飯邊讀書。雖然這樣的作法對於劉先生來說，或許不甚從容，但中午一小時的閱讀，已經變成任何事情都無法取代的快樂時光了。

短短的兩年時間裡，他閱讀了六七十本書，其中包括了《約翰·克利斯朵夫》、《唐·吉訶德》、《戰爭與和平》、《紅樓夢》等。

之後，劉先生的朋友都明顯地感覺到，劉先生的談吐與風度，與先前相比，簡直是判若兩人。

從上述例子中可以充分了解到，為提高修養而讀書是何等重要。用這種方法讀書要注意自己並非因工作壓力而讀，所以可自由選擇喜愛的書籍。但也不可抱著消磨時間的態度去讀，這樣將不會有任何收穫。

讀書為了豐富自己的涵養，為了自我啟發而讀。以這種積極的心態去閱讀時，內心深處就會產生積極的共鳴，書中所傳播的知識、思想就成為有價

值的智慧，成為你的一部分。

如何品味讀書的樂趣

初讀好書，似遇新友；重讀此書，似會舊友。

—— 戈德史密斯（Oliver Goldsmith）

有些人認為，讀書乏味，太累。抱持這種觀點的人，大多是以過於嚴肅的態度，甚至可以說是以「悲壯」的心情去讀書，當然就會把閱讀看成是件乏味的事了。

實際上，你應該先從有興趣的、易懂的書籍入手，即是先使自己喜歡閱讀，一旦喜歡上，就會產生自覺的態度，即使遇到困難，也會湧出克服的意願 —— 這就是輕鬆、快樂閱讀的最好方法。

在日常生活中，要培訓閱讀的興趣，其實可以從「聽」開始。這種用「聽」的方法來培養閱讀的興趣，任何人都可以輕易做到 —— 每天定時收聽電臺的長篇小說連播。這個方法，很容易就可以培養出你的閱讀興趣：每天半小時的「聽」實在不夠，乾脆自己來讀才解饞。許多人就是這樣開始接觸文學、了解文學、愛上文學的。

另一個可以培養興趣的就是讀「閒」書。「閒」書一般被認為是通俗、非正式的書籍。喜歡看「閒」書，已經證明對閱讀產生了興趣，日積月累，對你的知識的豐富、修養的提高肯定有不少幫助。閱讀「閒」書的好處，是能從興趣出發，輕鬆、自在、快樂地進行閱讀。一面培養讀書的習慣，一面調整自己的興趣範圍，然後把興趣逐漸轉移到啟發的目標上。

但是閱讀時，如果種種書都不分巨細地精讀，不分輕、重地一概鑽研，那是相當困難的，尤其是對於那些一向沒有閱讀習慣的人來說，更是如此。所以為啟發而讀的書，為提高修養而閱讀，大可不必弄得如此嚴肅、困惑，

可以適合自己的方式，輕鬆愉快地讀書。

具體地說，可以以下列方式去進行閱讀

· 「總之是這個意思啦」 —— 用歸納法取代其中深奧難懂的地方。

· 「譬如就像什麼什麼一樣嘛」 —— 用比喻和具體的例子替代難於理解的地方。

· 「這個問題應該是這樣的」 —— 用判斷去理解。

總而言之，就是巧妙地運用「歸納」、「替代」、「判斷」三個方法去化難為易，使讀書的習慣能堅持下去。如「統計學就是探討『平均』的學問」、「數學具有對稱性」等，雖然不十分準確，但以這樣的感覺去理解，書本的內容會很容易進入腦中，使你收穫滿滿。當然，每個人都有自己的閱讀習慣，但只要自己能懂，又與原意不會相距甚遠，何樂而不為？

要提高個人修養，除了多讀書外，還要對自己所學進行核對總和評估。這樣可以加深對書本知識的理解，增強自己對學習的信心。

可以將閱讀過的內容，或以文章的形式整理出來，或講述給身邊的親朋好友聽。用這種方法，可輕易地檢驗出自己對所學知識的理解程度和概括能力。

如果整理出來的文章，有下列情況出現時，則表示你並未理解或未掌握所學的知識，還須繼續努力。

· 無法正確轉述其中的重要詞語。

· 對於重要文句的理解有明顯的誤解。

· 只會記下某些細節，並在細節上大肆渲染。

· 寫下來的文章，不知所云。

· 文章中有自相矛盾之處。

如果你是用講述的方法來檢驗你所學的知識的話，若對方能夠清楚明

瞭，那你可以自己感到放心，自信心也油然而生。

如果對方聽了一頭霧水；或遭反詰時，你答不出個所以然來。這樣則同樣表示你的學習未能及格，有待進一步努力。

▌高效率的讀書技巧

所謂好書就是有所期待而打開，有所收穫而合上的書。

—— 奧爾科特（Louisa May Alcott）

重點法則

無論看什麼書，相比之下，都一定有其重要與不太重要的內容。借用一個較容易理解的比喻，前者就像已經經過篩選的種子選手。而所謂的讀書「重點法則」，就是只選讀書中有代表性的部分。這樣，可以提高你讀書的「質」與「量」，獲得最大的效果。

如某一本書是由 300 頁組成，而你無須 300 頁的知識都牢記下來，只須選讀其中有代表性的部分，也許只有 1/100，或 1/1000，但已足夠。這種以十當百或以百當萬的重點讀書法，即使在「質」的方面，也不成問題。

在許多讀書方法中，都有「精讀」的說法。而精讀的概念，也就是重點的法則，因為其含義都是從眾多的書本中，選出其中有代表性的幾本來讀。

在文章、談話中，最具有資料價值或最重要的地方，可稱為「關鍵字」，讀書時，若無法掌握關鍵字，就無法了解其內容。反之，則能輕易、有效地融會貫通其整體內容。這是因為關鍵字的含義，包含了了解整體內容的重要資訊，所以，關鍵字也往往就是重點整理出來的「種子選手」。

舉一個較明瞭的例子：「國民生產毛額」是經濟學裡的一個重要的名詞，最簡單的解釋為：一個國家所有部門在一定時期（季、年）內以貨幣表現的

全部產品和服務總價值。這段話裡的「關鍵字」，就是所有部門、以貨幣為表現、全部產品、服務總價值。如能掌握這幾點，則可輕易地掌握「國民生產毛額」一詞的含義了。

在生活和工作中，不時會有爭辯之事發生，為了舉證，往往需要列舉出許多具體的例子。此時，如果你一下子把全部例子都列出來，如此累贅、雜亂無章的做法，必受對方嘲笑。其實，你只需舉出一、兩個可靠、有說服力的例子即可。這可看作是重點法則的活用。

如果能用重點法則去讀書，那你的知識，就會因快速累積而變得更為豐富。凡是工作方面有成績或自我啟發智慧成功的人士，都會自覺或不自覺地使用這個法則。

經常發現，一些人才俊傑的職位很容易調動，調動後的位置往往較前一位置更加重要而且責任更加重大。這些人大部分都能在調動後的很短的時間內，完全掌握新工作的要領，然後得心應手地發揮他的工作才能。為何能如此？只不過他們能輕易地掌握工作的關鍵部分並加以實施罷了。

有很多人對於數字的記憶能力非常了得，再多的數字也能正確記住。這種現象，其實也是重點法則的運用表現。對於數字，他們並不是隨意去記的，而是經過篩選後，對認為重要的才加以牢記。

因此，如果能精通這個法則，並加以實踐，那你的讀書效果也會令人刮目相看，讀書的品格、速度就會更好、更快。

有時應從正面攻堅

所謂正面攻堅法，就是一口氣攻下敵人主要陣地的方法。正面攻堅，必須在一開始就突破最堅固的地方，所以也是最艱難的但卻是最正式的、一流的讀書法。

王先生在公司裡是已有五年工作經驗的人事管理人員。他在勞資關係及

勞務管理方面相當有心得。但最近他對工作卻開始感到厭倦，每天都無精打采，心神不定。他對自己的這種狀況感到非常不安，認為一定要讀一些書，改變心境。

恰巧，他偶然看到了一條名校培訓部的宣傳廣告，內容是有關合理化經營方法的研究課程，時間需要六個月。王先生知道這門課程，現在非常熱門，但不知道對他目前的工作有沒有幫助，而且學起來非常困難，因為學的都是王先生感到很頭疼的枯燥科目。不過，他還是決定參加，因為這個課程可以打破他的工作厭倦感，是一個改變心境的好機會。

王先生在這六個月裡學得非常辛苦。工作之餘，他就得去上課，課前要先預習，上課時要認真地記筆記，課後更需要複習。為了加深理解，他不但要買參考書來研究，還不時地要向講師一再地求教。

六個月後，王先生的收穫非常之大，他不但恢復了工作幹勁而且能用更客觀更科學的態度看待勞資關係以及勞務管理的工作。除了日常的工作之外，有關「員工工作狀態觀察法」、「人事費用與人事費用比例的預測」、「退休金模式個案研究」等方面的事情，王先生都瞭若指掌。目前，王先生已成為公司人事部門的重要業務員，他的地位無人可以取代。這一切，全是因為正面攻堅讀書法的效果。

一般說來，正面攻堅讀書法，可廣泛地應用於啟發智慧。一本一流著作的價值，要超出表現平平的書籍十倍以上；遇到一位智者，可獲益良多；接觸一流的事物，能打開眼界，也能培養出敏銳的判斷力。這種方法，因為是正面的突破，相當艱苦，但結果卻非常可觀。如果你渴望改變現狀，不妨試用此法。

用途廣泛的一點掌握法、線索法

所謂「一點掌握法」就是將書中的精華，濃縮於一點，然後予以掌握。

事實上這是一種掌握本質的讀書法，所以特別加以介紹。

韓先生的字並不難看，但他自己總嫌其呆板、不夠蒼勁有力。他期望自己能有一手龍飛鳳舞的字體，於是他經常照著字帖練字，卻總是不得要領，這樣的情形延續了好幾年。

一天，韓先生偶然看到相當漂亮字體，那蒼勁的筆劃，使他目瞪口呆，讚嘆不已。在他反覆觀看之餘，他發現其中的「才」字，中間的豎鉤雖然超出了底線，但看起來一點都不覺得彆扭，反而使人有一種瀟灑、自然、流暢的感覺。此時的他突然茅塞頓開，恍然大悟：自己的字平素只是端端正正的寫在格子中間，不敢稍有逾越，拘謹約束，這就是他的字無法奔放、灑脫的最大原因。

於是他開始學習掌握這種字體的寫法，慢慢地，他的字再也不只拘泥格子的中間，而是顯得豪放、瀟灑，有時也會自然順勢超出格子，字體比過去是蒼勁有力多了。可以說，他只注意了一個字，就成功地達成自我啟發。

這就是「一點掌握法」。一般而言，這種方法效果顯著，也能很快奏效。雖然有時時間會長一點，就像上面韓先生的例子，但只要能夠掌握要領，進步是會很大的。

現實中，對於一本書中的重要部分給予精熟牢記；了解並熟讀某一公式或重要的方程式；與人交往時，善於發掘和學習別人的長處……這些都是一點掌握法的實際運用。

所謂「線索法」就是利用明顯的線索，不用讀完整本書的內容就能找出所需內容的方法。這種方法，對於忙碌的上班族來說，很有幫助。

在生活中，有很多時候是利用線索法來提高效率的。比如，初次見面的人，你只要先記住對方的名字即可（與對方交換名片也屬此範疇）；上課或做筆記時，利用簡單的標題把內容記下來，如「態度的快速調整：好的態度

可救自己一命；人從何處得到壞的態度；快速改變態度的奧祕……」。有了這些線索，可以很快地把你想要的資料找出來，也可以成為你與別人的簡單談話資料。有時候，利用書中空白的地方紀錄，也是線索法的利用：「這個表或許有用得著的時候」、「這段話應把它記下來」、「有時間要好好再讀一次」、「這裡不太明白，應去問問某人」等。線索法的運用比較簡單。

努力提高藝術修養

藝術教導人的，只不過是生活的意義。

—— 米勒（Jean-François Millet）

要想讓自己更有涵養，不是一個中看不中用的花瓶，就得真正地充實自己，讓自己全方位地成長起來，成為受人歡迎的魅力四射的人。

打扮外表很容易，而想提高人文素養，那就必須下點工夫了，應該抽出大量的休閒時間去充實自己。

泡圖書館，聽音樂會，參觀名畫展，參與一些藝文活動，這樣在不知不覺中提高了自己的藝術涵養，使得談吐更上一個層次。因此當人們再次與你相遇時，總會發現一些他們以前所未發現的東西。不斷充實、不斷成長、不斷創新的人是最有魅力的人。

如果以此不斷地去充實自己，人們會發現一個一天比一天睿智、一天比一天幽默、一天比一天高雅的你，那麼你的魅力將勢不可擋，必定也能成為招人喜歡的人。

在強調為提高修養而讀書的時候，千萬別忘了藝術這一方淨土。

藝術確有使人提高修養，淨化心靈的作用。當人們在鑑賞藝術作品的時

候，蒙塵的心會被沖洗得乾乾淨淨，心靈因而變得純淨透明。可以說，藝術具有使人心昇華的神奇力量。為什麼會這樣？因為藝術是透過一定的形式反映了藝術家對理想或是對美的追求，這個不懈的追求會或多或少地反映於作品中，從而感染引起共鳴的人。

可以從下面幾個方面去鑑賞比較常見的幾種藝術形式，以提高自己的修養。

- **繪畫**：掌握整體印象，品味它帶來的感受；欣賞構圖、形象、色彩；注意畫法、筆觸、色調、創意；掌握畫的特性；思考其中的思想性和象徵意義；記下喜歡的作品和作者的名字。

- **音樂**：注意曲調、節奏、和諧；享受主題的展開與變奏；欣賞音樂所表現的感情、情景和思想，看它能否引起自己的共鳴；欣賞每件樂器的獨特音色；記下喜歡的作品和作者的名字；不要有先入為主的觀念。

- **攝影**：欣賞整張照片表現的意境；了解其中情景的意義；品味作者透過作品想表達的寫實和象徵的意義；品味構圖、感覺、明暗、動靜；記下印象深的作品和作者的名字。

- **戲劇**：欣賞舞臺上的布景、道具、服裝等；細細品味演員的臺詞、動作、表情；掌握情節；品味舞臺效果與演出效果；思考劇情的主題思想；記下印象深刻的場面和臺詞。

- **雕塑**：重視從整體獲得的印象，評價它究竟美在何處；品味作品中體現的人性與寫實感；鑑賞作品的時代感與細部的製作；注意形狀、表情、姿態；思考作品所表現的思想；記下印象深刻的作品和作者的名字。
- **芭蕾舞、歌舞劇**：注意節奏感；品味肢體的動作與它所表現的美感；了解動作與表情所表達的內容；享受音樂與舞蹈的完美結合；掌握所表現的內容與思想；品味蘊含在舞蹈中的氣氛、情趣和韻律。

▌讓生活更有品味

品味不是虛無縹緲的一種自我感覺良好，它是全面的、整體的、由表及裡的綜合表現。

—— 萊奧帕爾迪（Giacomo Leopardi）

要讓生活更有品味，要有一雙善於觀察的眼睛去發現美，創造美，使自己的生活品質得以提升。

不一定要居住在豪華的別墅，但是一定要有高品味的裝飾思想；不一定要求禪論道，但一定要有寧靜的時間和寧靜的心情。

高品味的生活不是擺兩把椅子，一張桌子的事，而是一種精神世界的外在體現。

提高自己的精神內涵，這對創造高品味的生活很必要。因為從這裡才能找到自己的個性，找到自己的風格，完善自己的獨特魅力。

居室裝飾品味

越來越多現代人的居家設計趨向個人化，並增設綠色空間與流水造景。有品味的人更是如此，在突出個性的同時，也讓水和綠意紓解了都市生活帶來的壓力。

在居住環境的改善方面，這些年來，人們在居住思維上起了極大變化。隨著經濟水準的提升，我們對自己的居住環境有了更明確的目的和生活追求，除了物質上的空間改良，也開始注重感性上的滿足，環境也漸漸走入更貼近自然和更加個人化的趨勢。

在室內為綠意設計更多的特定空間，如採納更多的水聲和水影。在以前，喜歡室內植物的人也許就是一盆一盆排列出來，但現在不是了，更多人在事先安排室內的綠色空間，甚至變成主題。至於水，這個設計方案也大量被採用，而且是真正具有人性化的，因為水和綠色都能紓解壓力，是很適合都市生活的，當然也使自己更具有高雅的情趣。

生活環境是每天要面對的範圍，更重要的是配合起居作息，要住得舒服，首要考慮的就是這個空間如何跟自己生活韻律得體配合。

生命對我們來說不僅僅是生活，生活對我們來說不僅僅是生存。拒絕華麗繁複的擺設喧賓奪主，真正讓設計走入生活、豐富生活，方為室內設計真正的本質。對於生活方式的品味與思考，對於藝術理念的關注與探索，在每個人心中都有精緻的定義並成為生活中的元素，於是生活便成了藝術。

植物擺出品味來

尺寸品種不同的植物，擺放位置也不同，會使空間展演出不同的樣貌，效果各異。

居家植物最好不要擺在動線上，以免走動擦觸影響生長或折損。

如大型植物不但可以營造出強烈的視覺感，成為室內焦點，在傢俱較少的空間裡，也是填補空間、創造溫暖的重要角色，所以一間居室內至少擺置需一至兩株大型植物。

而枝葉茂密的大株盆栽植物，同時也具有引導及遮蔽視線的功能。如果將它擺在視野良好的窗戶旁，讓人們面向窗外觀看時，有如是向充滿綠意的

花園或陽臺望去；而住室臥房之間若有拱門或通道連接，將植物置於此，不但豐富了空間語彙，同時也具阻隔視線的作用，可避免直接看見房間，以增加私密性。

另外，不要忘記充分利用燈光！如果在大型植物較低處放置燈光，在牆上或天花板上會出現有趣的投影。

中型植物因為高度問題，不適合直接擺在地上，通常以外物增加其高度再放置為佳，好讓它們進入視線範圍。例如放在傢俱、支架、窗臺或以吊籃支撐，也可以填補零小空間，隨處創造綠意。

而別致的小型植物，則宛如小型飾品，隨自己心意擺放。所以，書架、書桌、電視櫃都可以擺一株惹人疼愛的小盆景，用以親近人們的心。

此外，不要忽視色彩的魅力！即便是綠色，一點點層次深淺的不同，空間的亮度及色調就會有明顯變化。例如將白色的花朵盆栽放置在客廳角落，可以使不被注意的角落振奮起來；如果放置暗色盆栽，那麼這地方可能成為視覺的死角，難以被注意。

畫框掛出風格來

走進家門，如果面對的是空蕩蕩的牆面，不免讓人覺得索然無味。在家中掛一幅精美的畫，能起到強烈的裝飾、美化作用。牆面上有恰到好處的畫，能改變牆壁的空洞感，營造室內環境的氣氛。除了選擇什麼樣的畫很有講究以外，用何種質地的畫框也很重要。

· **畫框的搭配掛放**：牆面可以掛的畫種類很多，包括山水畫、油畫、版畫、鉛筆畫等。有人善於畫油畫也不妨將自己的畫作掛起來，或是將自己得意的攝影作品裱框。

過去很流行在客廳掛大幅的油畫，有時甚至占了一整面牆的位置。但是如果在較小的房間也掛上一幅很大的油畫，就會使房間顯得更小和壓抑，而且也使裝飾效果受到限制。越來越多的設計師建議，搭配各種畫和畫框會比較有創意。如在一面牆上錯落地搭配幾幅風格一致的畫，也是不錯的選擇。

- **畫的尺寸量體裁衣**：古詩云：「屋雅何須大，花香不在多。」同理可知，在有限的居室面積內，不必掛太多、太雜的畫。畫框分直幅和橫幅兩種，從人的視覺講，直幅讓人感覺高挑，橫幅感覺寬闊。通常 12 平方公尺以下的居室，宜將橫幅做主要掛飾，15 平方公尺以上的房間，可將直幅懸於迎面牆壁。

掛飾如何掛本無定式，可隨居室大小、牆壁特徵而定。一般居室房間高度在 2.6 公尺至 2.8 公尺之間，橫幅掛飾高度在人站立的平視線上 10 公分處，大致離地面約 1.7 公尺至 1.8 公尺之間。直幅掛飾的低邊約離地面 1.5 公尺至 1.6 公尺左右。雙幅的成對直幅掛飾，兩幅之間相距 30 公分至 40 分為宜。如果兩幅掛飾高低錯落布置，那它們之間的高低相差不應超過掛飾長度本身的一半。

- **畫框色彩協調搭配**：我們的居室牆壁顏色多為白色或淺色，但傢俱、地面、窗簾、沙發等顏色不同，因此選擇畫框顏色主要考慮環境陳設與作

品本身的色彩。如果室內陳設以白色為主調，畫框顏色不宜太深；反過來，室內陳設色彩濃烈，則不宜選擇全白的畫框。至於作品本身，畫框的顏色應與之協調，對比不應過於強烈。油畫應選擇較寬、線角起伏明顯的畫框，水彩畫則反之；山水畫不宜選用油畫框，而應選用仿硬木、原色的掛軸；版畫、照片以及其他一些畫種則可寬可窄。總之，選擇畫框其中卻有許多學問，從局部來講，應當使畫面更突出、更吸引人；從整體來看，則要裝點環境，使之更有生氣、更加溫馨。

▌智慧錦囊：選一本合適的書

學問可以改變人格。

—— 摩爾（Sir Thomas More）

書是人類共有的精神財富。讀書使人充實，可以增加素養、改變思想、增長才能。

美國前總統羅斯福的夫人曾說：「我們必須讓我們的年輕人養成一種能夠閱讀好書的習慣，這種習慣是一種寶物，值得雙手捧著、看著它，別把它丟掉。」如果你每天閱讀十五分鐘，這意味著你將一周讀半本書，一個月讀兩本書，一年大約二十本書，一生讀一千或超過一千本書。這是一個理想狀態下的博覽群書的辦法。

吾生有涯，而學海無涯。面對浩如雲煙的書籍，任何人也無法本本兼顧。因此，讀書有一個取捨問題。讀什麼書，是許多渴望充實自己的人的困惑之一。

讀者們可以根據自身需要，參考各大名校及名家的推薦書目，從而挑選出適合自己的好書。

第九章　淡泊明志　心胸寬闊

▍淡泊明志，寧靜致遠

非淡泊無以明志，非寧靜無以致遠。

—— 諸葛亮

淡泊以明志，寧靜以致遠。終日為蠅頭小利處心積慮，不僅會喪失自己做人的樂趣，也會喪失別人對自己的好感。

孟子認為，君子之所以異於常人，便是在於其能時時自我反省。即使受到他人的不合理對待，也必定先躬省自身，自問是否做到仁的境界？是否欠缺禮？否則別人為何如此對待自己呢？等到自我反省的結果合乎仁也合乎禮了，而對方強橫的態度卻仍然未改，那麼，君子又必須反問自己：我一定還有不夠真誠的地方，再反省的結果是自己沒有不夠真誠的地方，而對方強橫的態度依然故我，君子這時才感慨地說：「他不過是個荒誕的人罷了，對這種人不需要斤斤計較。」

生活在社會中，爭執時時發生。有了分歧不知怎麼辦，很多人就喜歡爭吵，非論個是非曲直不可。其實這種做法很不明智，吵架又傷和氣又傷感情，不值。俗話說家和萬事興，推而廣之，人和也萬事興。人際交往中切不可太計較，裝裝糊塗於己於人都有利。

事實上，按照一般情況，任何人都不會把過去的記憶像流水一般地拋掉。就某些方面來講，有時人們執念很深，甚至會終生不忘的事件，當然，這仍然屬於正常之舉。誰都知道，怨恨會隨時隨地被激發，所以，為了避免招致別人的怨憤或者少得罪人，一個人行事需小心在意。《老子》中據此提出了「報怨以德」的思想，孔子也曾提出類似的話來教育弟子，其涵義都是叫人處事時心胸要豁達，以君子般的坦然姿態應付一切。

《莊子》中對如何不與別人發生衝突也作過闡述。有一次，有一個人去拜訪老子。到了老子家中，看到室內凌亂不堪，心中感到很吃驚，於是，他大

聲咒罵了一通揚長而去。翌日，又回來向老子道歉。老子淡然地說：「你好像很在意智者的概念，其實對我來講，這是毫無意義的。所以，如果昨天你說我是馬的話我也會承認的。因為別人既然這麼認為，一定有他的根據，假如我頂撞回去，他一定會罵得更厲害。這就是我從來不去反駁別人的緣故。」

從這則故事中可以看出，在現實生活中，當雙方發生矛盾或衝突時，對於別人的批評，除了虛心接受之外，還要養成毫不在意的態度。人與人之間發生矛盾的時候太多了，因此，一定要心胸豁達，不要為了不值得的小事去得罪別人。而且生活中常有一些人喜歡論人短長，在背後說三道四，如果聽到有人這樣談論自己，完全不必理會這種人。只要自己能自由自在按自己的方式生活，又何必在意別人說什麼呢？

從前，有一對聖人兄弟名叫伯夷、叔齊，二人互相推讓王位，伯夷退隱到山林裡，最後餓死了。還有一位商朝的宰相伊尹，也很著名。孟子把孔子、伯夷和伊尹三人的人生觀加以比較後說：「不同道。非其君不事，非其民不使；治則進，亂則退：伯夷也。何事非君，何使非民；治亦進，亂亦進：伊尹也。可以仕則仕，可以止則止，可以久則久，可以速則速：孔子也。皆古聖人也，吾未能有行焉；乃所願，則學孔子也。」

孔子、伯夷、伊尹三人，各有不同的人生觀，但卻都能堅守仁、義，所以孟子認為他們都是聖人。換言之，只要能夠忠實地堅守原則，那麼採取什麼手段、方法都無關緊要。

這種處世態度對人們很有借鑑意義。人們往往因為別人的生活方式以及應對態度與己不同，而排斥對方，認為唯有自己才正確。其實，這種想法很幼稚，只要能夠遵守做人的原則，那麼採取什麼生活方式都無所謂。我們不可能要求別人在生活各個方面處處和自己一樣，或是事事如己願，這是極不現實的。如果能認清這個道理，心胸便會豁然開朗。

物欲太盛心難靜

　　有一位老和尚，每天天剛亮的時候就開始掃地，從寺院掃到寺外，從大街掃到城外，一直掃出離城十幾里。天天如此，月月如此，年年如此。小城裡的年輕人，從小就看見這個老和尚在掃地。那些做了爺爺的，從小也看見這個老和尚在掃地。老和尚雖然很老很老了，就像一株枯老的松樹，不見它再抽枝發芽，可也不再見衰老。

　　有一天老和尚坐在蒲團上，安然圓寂了，可小城裡的人誰也不知道他活了多少歲。過了若干年，一位長者走過城外的一座小橋，見橋石上鐫著字，字跡大都磨損，老者仔細辨認，才知道石上鐫著的正是那位老和尚的傳記。根據老和尚遺留的度牒記載推算，他享年 137 歲。

　　據說有一位將軍在這小城紮營時，突然起意要放下屠刀，懇求老和尚收他為佛門弟子。這位將軍丟下他的兵，拿著掃把，跟在老和尚的身後掃地。老和尚心中自是了然，向他唱了一首歌：

> 掃地掃地掃心地，
> 心地不掃空掃地。
> 人人都把心地掃，
> 世上無處不淨地。

　　現代人也許會譏笑這位老和尚除了掃地掃地還是掃地，生活太平淡、太清苦、太寂寞。其實這位老和尚就是在這平淡中，為小城掃出了一片淨土，為自己掃出了心中的清淨，掃出了 137 歲高壽，誰能說這平淡不是人生智慧的提煉？這個故事就說明了平淡對人心清靜的重要。

　　法國傑出的啟蒙哲學家盧梭（Jean-Jacques Rousseau）認為現代人物欲太盛，他說：「10 歲時被點心、20 歲被戀人、30 歲被快樂、40 歲被野心、50 歲被貪婪所俘虜。人到什麼時候才能只追求睿智呢？」人心不能清淨，

是因為物欲太盛。人生在世，不能沒有欲望。除了生存的欲望以外，人還有各種各樣的欲望，欲望在一定程度上是促進社會發展和自我實現的動力。可是，欲望是無止境的，尤其是現代社會，物欲更具誘惑力，如果管不住自己的欲望，任它隨心所欲，就必然會給人帶來痛苦和不幸。

任何自由都是有限度、有規則的。有了行為的不自由，才能獲得精神上的真正自由。精神自由的人，大多能慎物節緣，自甘平淡，保持一種寧靜的超然心境，做起事來不慌不忙，不躁不亂，井然有序；面對外界的各種變化不驚懼，不慍怒，不暴躁；面對物質引誘，心不動，手不癢。沒有小肚雞腸帶來的煩惱、沒有功名利祿的拖累，活得輕鬆、過得自在。白天知足常樂，夜裡睡覺安寧，走路感覺踏實，驀然回首時沒有遺憾。人體的神經系統常處於一種穩定、平衡、有規律的正常狀態，這才是心靈的最大舒展。

在唯恐來不及爭名奪利的現代社會裡，不要小瞧這不起眼的平淡心態，它能於利不趨、於色不近、於失不餒、於得不驕。它能抗拒物欲的誘惑，助你事業有成。有了它，上帝不會忘記你，會教你徹悟人生的真諦，進入寧靜致遠的人生境界。即使上帝忘了你，也不要緊，最起碼你還會落個淡然適然，不急不躁，不至於讓心猿意馬把你搞得心神不寧。

如果一個人有太多的物欲和虛榮心，那麼在他的人生路上，就會因這些重負而寸步難行。有一位修道者，準備離開他所住的村莊，到無人居住的山中隱居修行，他只帶了一塊布以當衣服，就獨自到山中居住了。

後來他想到當他要洗衣服的時候，他需要另外一塊布來替換，於是他就下山到村莊中，向村民們乞討一塊布，村民們都知道他是虔誠的修道者，於是毫不猶豫地就給了他一塊布，當作換洗用的衣服。

當這位修道者回到山中之後，他發覺在他居住的茅屋裡面有一隻老鼠，常常會在他專心打坐的時候來咬他那件準備換洗的衣服。他曾發誓一生遵守

不殺生的戒律，因此他不願意去傷害那隻老鼠，但是他又沒有辦法趕走那隻老鼠，所以他回到村莊中，向村民要一隻貓來飼養。

得到了一隻貓之後，他又想：「貓要吃什麼呢？我並不想讓貓去吃老鼠，但總不能跟我一樣只吃一些水果與野菜吧！」於是他又向村民要了一隻乳牛，這樣子那隻貓就可以靠牛奶維生。

但是，在山中居住了一段時間以後，他發覺每天都要花很多的時間來照顧那隻母牛，於是他又回到村莊中，找了一位單身漢，帶著他到山中居住，幫他照顧乳牛。

那個單身漢在山中居住了一段時間之後，跟修道者抱怨說：「我跟你不一樣，我需要一個太太，我要正常的家庭生活。」修道者想一想也有道理，他不能強迫別人一定要跟他一樣，過著這樣的生活。

這個故事就這樣繼續演變下去，到了後來，整個村莊都搬到山上去了。一個人如果物欲太盛，那麼他的心就永遠難以平靜，也就談不上修身養性了。

嫉妒心理要不得

法蘭西斯·培根說過：「猶如毀掉麥子一樣，嫉妒這惡魔總是暗地裡，悄悄地毀掉人間美好的東西！」

何謂嫉妒呢？心理學家認為，嫉妒是由於別人勝過自己而引起的不滿情緒。心胸狹窄是產生負面情緒的原因。黑格爾說：「嫉妒乃平庸的情調對於卓越才能的反感。」

嫉妒不是天生的，而是後天產生的，嫉妒有三個心理活動階段：嫉羨、嫉優、嫉恨。這三個階段都有嫉妒的成分，而且是從少到多，嫉羨中羨慕為主，嫉妒為輔；嫉優中嫉妒的成分增多，已經到了怕別人威脅自己的地步了；嫉恨則把嫉妒之火已熊熊燃燒到了難以消除的地步。這把嫉恨之火，沒

有燃向別人，而是炙烤著自己的心，使自己沒有片刻寧靜，使自己絞盡腦汁想方設法去詆毀別人，這就使他形神兩虧了。嫉妒實質上是以別人的成績自我折磨，別人並不因此有何遜色，自己卻因此痛苦不堪，有的甚至採用極端行為走向犯罪深淵。根據調查，每年因嫉妒造成犯罪案件的比例占整個刑事案件的10%。近年來因嫉妒而投毒、寫匿名信恐嚇的已屢見不鮮。

嫉妒常被稱為綠眼睛的惡魔。如果你對某人懷有嫉妒之心，可以確定的是，它不僅會傷害到你這些情緒所直指的人，而且自己所受到的傷害可能更甚於他們。嫉妒就像疾病一樣，他們會在體內不斷損害侵蝕你。

你為別人在事業上或者生活上所擁有的一切而感到難受，這種感覺會帶給人們多少的痛苦？有多少的婚姻暴力是由於嫉妒心的作怪而毀於嫉妒？有時候人們的嫉妒確有其事，但有時候卻純粹是亂想。又有多少自殺事件，是嫉妒下的產物？有多少人是因為嫉妒別人而犯罪，以致坐大牢？除此之外，被某個你甚至不認識的人嫉妒，可能為你帶來大麻煩，害你花了冤枉錢，甚至對你本身和聲譽造成傷害。很多情況下，嫉妒常常帶來嚴重的後果。

- **謀殺**：亞當之子該隱之所以殺害他的弟弟亞伯，就是因為嫉妒。
- **背叛**：約瑟的兄弟之所以把他賣到埃及當奴隸，就是因為嫉妒他是父親最愛的兒子。因為他無法忍受看到兄弟身上所穿華麗的外套。
- **友誼破裂**：有一位中年的新聞從業人員，他非常嫉妒他的一位出名的小說家朋友，也嫉妒他朋友所出的書。而另一方面，他那位小說家朋友卻嫉妒這位新聞工作者由於一篇大眾皆知的出色報導而被提名角逐普利茲獎，因為這個獎項是那位小說家根本沾不上邊的殊榮。結果這兩位朋友從此決裂。

美國的底特律常被稱作車城，該城出過許多的歌手，像戴安娜·羅斯（Diana Ross）、傑克森家族（Jackson family）、史提夫·汪達（Stevie

Wonder）和馬文·蓋（Marvin Gaye）等。如果假定這些表演工作者可能成為娛樂圈裡其他人羨慕和嫉妒的目標，那是很合理的事。事實上，演員、歌手和舞蹈演員所面對的來自其他同行的嫉妒，可能是其他人遠不及的。這或許是因為他們收入高，粉絲們對他們的崇拜，以及他們擁有的廣大影響力帶給別人的嫉妒。

然而，不時有一些已經紅了二三十年的演藝人員，公開表示對某些新出現的歌手和演員的支持。老一輩的佼佼者已將這種美德發揚光大，他們明白對新出道的人羨慕與嫉妒是無濟於事的。那些新出現的人為了能夠大紅大紫，當然要付出相當的代價，就像那些已經成名的人當初所做的一樣。不論它表現在哪一方面，才能才是最重要的；而我們對於他人的成就所感受到的情緒，應該只有為對方感到驕傲。

當你努力攀登頂峰時，把對他人的嫉妒轉化為對他們的成就感到驕傲。不要只是說：「我希望能夠跟他或她一樣。」你應該腳踏實地去做一些事，才能使得自己跟他或她一樣有成就。既然羨慕與嫉妒的情緒並不能讓你由板凳隊員成為場上主力，那你為什麼還要坐在場邊任由這種情緒氾濫呢？

如果總是在擔憂別人在做些什麼，以及他們是如何做的，你會發現你攀登頂峰的路途將是倍覺艱辛。當你眼見別人表現得非常好，看到他們的成功或者正在享用勝利的成果時，就好好看看他有什麼是你可以借鑑的。可能只是一個微笑，也可能是種態度、一句好話、一種激勵人心的精神語。在你察覺之前，你早已把自己的嫉妒心拋到九霄雲外，同時也將自己的本領累積起來了。

以下是幾個改掉容易嫉妒的有效方法。

· 想想別人好的一面，尤其是那些容易招致嫉妒的成功人士：喜歡一個人不僅是因為他是什麼人，同樣重要的是，你必須看到不是所有的人都喜歡他。如此一來，你心裡就不會有空間可以容納嫉妒了。

- 讓自己對一些有傳染性的字眼產生免疫力，也避免自己成為被人嫉妒下的受害者。

- 為了戒除某個壞習慣，方法就是用好習慣來取代它；也可以用同樣的方法來對付這個毛病，也就是用別的字眼來取代這些惡毒的字。如在你的想法裡，當看到別人的成就和成功時，將嫉妒換成讚賞或化為祝福。

- 經常設想自己應該做什麼，而不是去想別人做了什麼：如果別人獲得的成就當之無愧，就想想怎麼做才能夠使自己跟他們一樣，而不是嫉恨他們已有的成就。

虛榮讓人陷入憂鬱

　　虛榮心重的人所欲求的東西，莫過於名不副實的榮譽；所畏懼的東西，莫過於突如其來的羞辱。

　　虛榮心最大的後遺症之一是促使一個人失去免於恐懼、免於匱乏的自由。因為害怕羞辱，所以不定時地活在恐懼中；常感匱乏，所以經常沒有安全感，不滿足。而虛榮心強的人，與其說是為了脫穎而出，鶴立雞群，不如說是自以為出類拔萃，所以不惜玩弄欺騙、詭詐的手段，使虛榮心得到最大的滿足。問題是虛榮心是一股強烈的欲望，欲望是不會滿足的。虛榮心所引起的後遺症，幾乎都是圍繞在其周遭的惡行及不當的手段當中的，所以嚴格說來，每個人的虛榮心都和他的愚蠢等高。

　　真正的成功，是不會因某些成就而沾沾自喜的。若為有所成就的人或事物感到驕傲，也應該是心存感恩、健康的驕傲，而非不當的「虛榮」！

　　虛榮心一旦形成後，它所結合的諸多不良的心態、習慣和行為只會讓你短視近利，卻離成功愈來愈遠。或許我們都曾有過下面的經歷：經常莫名地緊張、害怕、心慌、發抖、頭暈，有時腦子裡一片空白，覺得自己活得很累，甚至想到死。其實，這就是非常嚴重的憂鬱狀態。

那麼怎樣排解這種焦慮、壓抑呢？

· 可以向諮商心理師或自己信任的親朋好友傾訴內心的痛苦，也可以用寫日記、寫信的方式宣洩，或選擇適當的場合痛哭、呼喊，做到自我放鬆。

· 焦慮是人面臨心理壓力下的一種正常反應，也就是人體在應對環境刺激時自身發生的身體的、心理的和生理上的變化：心理壓力總是與「緊張」、「壓力」等相連繫，所以要以平常心對待，順應自然、接納自己、接納現實，在煩惱和痛苦中尋求戰勝自我的理念。

· 無論學習還是工作，沒有目標就會茫然不知所措。目標確立要適度，根據人生不同發展階段確立目標。

· 回憶或講述自己最成功的事，可以引起愉快情緒，容易忘掉不愉快的事，消除緊張、壓抑的心理。

· 積極參加藝文活動：研究表明，音樂能影響人的情緒、行為和生理功能，不同節奏的音樂能使人放鬆，具有鎮靜、鎮痛作用。

· 多參加集體活動，如郊遊、種樹、講座、大學生社團等：在集體活動中發揮自己的專長優勢，增加人際交往。和諧的人際關係會使人獲得更多的心理支持，緩解緊張、焦慮情緒。學會宣洩焦慮、壓抑，我們的心理才會變得輕鬆。

· 保持幽默感：我們每個人都應活得輕鬆些，尤其當自己身處逆境時，要學會超脫，所謂「來日方長」，要看到生活好的一面，無憂無慮，自得輕鬆。

· 對人禮貌：如果你對別人施之以禮，別人也會對你以禮相待，也就是說將心比心會有助於緩和您的精神緊張。有時，一聲「謝謝」，一個微笑或一次過路禮讓，都能使你感到心情愉快。記住，別人對待你的態度在一定程度上反映了你的自我形象。

- 要自信：這裡所說的自信不是狂妄自大，也不是自以為是，而要學會自我控制。有段話是這樣說的：「如果我不靠自己，我又靠誰呢？如果我只想著自己，我又算個什麼人呢？如果我現在不想，又待何時？」如果只指望他人把事情辦好，或坐等他人把事辦好，就可能使你處於被動地位，也可能成為環境的犧牲品。因此，辦任何事情，首先要相信自己，依靠自己，不要將希望寄託於別人，否則將坐失良機，產生懊喪心理，加重精神緊張。

- 當機立斷：死守著一個毫無希望的目標，不論對自己，還是對周圍的人，都會增加心理壓力和精神緊張。一個聰明人一旦打算完成某項任務時，就應馬上做出決斷並付諸行動。當發現已做的決定是錯誤的時候，就應立即另謀辦法。優柔寡斷，會加重精神負擔。

- 學會處世的道理：我們都是同樣的人，別人碰上的事情自己有一天也可能會碰上。生活的道路不會總是平坦。與周圍的人建立友誼，可以增加來自外界的支持和幫助，從而減輕精神緊張。不要害怕擴大你的社會影響，這樣有助於尋找應付緊急事件的新管道。

- 努力改進人際關係：建立良好的人際關係，以助事業成功，減少挫折，這對於保持良好的競爭狀態十分重要。我們不需要那種只會教訓人：「你該怎樣做」的朋友，我們生活中所需的是鼓勵我們發揮創造力，以及能夠支持我們走向成功之路的那種朋友。主動虛心聽取別人意見，善於安排時間，是改進人際關係的重要方法之一。

- 宣洩、抒發：經常處於精神緊張狀態，長此以往，可能會吞噬掉我們健康的身體。我們需要對人訴說自己的感受，哪怕這樣做改變不了多少事情。向誰訴說，取決於想要說的內容，必須選擇合適的訴說對象。記住，絕對不要將不好的情緒壓抑在自己的心裡。

- 以仁待人：當別人身處困境時應樂於助人。在這種時刻，他們最需要有人去傾聽他們的訴說，需要他人給予幫助。俗話說，善有善報，如果你有朝一日也出現某種危機之時，對方也會來幫助你的。

- 不傳閒話：傳閒話會招來仇恨和互相猜忌，也容易使自己失去朋友。當你向某人傳閒話時，他會猜想你是否也說過他的閒話。生活中有的是問題，不用你背個「大聲公」的名聲去多費唇舌，徒增困擾。

- 靈活一些：我們要完成一件工作，可能有許多方法，自己的那種方法不一定是最好的，或者雖然是最好的方法，但不一定行得通。如果總認為事事都必須按自己的想法去做，那麼當事情不按你的想法發展時，你可能就會煩惱生氣。其實你的目標只是把事情辦成，至於方法，不必拘於某一種。

- 衣著整潔：衣服穿的整潔與否，它象徵著你是否尊重別人，當然也象徵著你自尊自重。衣著不僅在顯示你的性別，還能為你的自身價值和重要性提供一種保證。

▌忍耐謙讓，禮讓三分

> 忍耐體現聰慧，寬厚才是光榮。
>
> —— 所羅門王

忍讓者，忍耐也，謙讓也。一般說來，社交過程中產生什麼矛盾的話，雙方可能都有責任，但作為當事人應該主動地「禮讓三分」，從自己方面找原因。忍讓，實際上也就是讓時間、讓事實來「表白」自己。在社交中取忍讓的態度可以讓很多事情「冷處理」，可以擺脫互相之間無原則的糾纏和不必要的爭吵。

俗話說：「不如意事，十之八九」。期望愛情甜蜜者，難免有失戀的時候；一向和諧的家庭，也少不了爭吵；可信賴的朋友，也會因誤會產生隔閡；為事業而奮鬥，也許遭到平庸者的嫉妒……生活中的這些「不如意」，常常考驗著人的修養水準：有的泰然處之，從容對待，以真誠化干戈為玉帛；有的則怒形於色，耿耿於懷。學會忍讓，這看似極簡單的事，卻有化解你生活中各樣煩惱的神力，而使人生路上充滿信心、愉快和陽光。

忍讓是一種美德。親人的錯怪、朋友的誤解，訛傳導致的輕信，流言製造的是非……當此時，生氣無助雲消霧散，惱怒不會春風化雨，而一時的忍讓則能幫助恢復你應有的形象，得到大家的讚美。清代中期，有個「六尺巷」的故事，據說當朝宰相張英與一位姓葉的侍郎都是安徽桐城人，兩家毗鄰而居，因起房造屋，為爭地發生了爭執。張老夫人便修書北京，要張英出面干預。這位宰相到底見識不凡，看罷來信，立即作詩勸導老夫人：「千里家書只為牆，再讓三尺又何妨？萬里長城今猶在，不見當年秦始皇。」張母見兒子明理，立即把院牆主動退後三尺；葉家見此情景，深感慚愧，也馬上把牆讓後三尺。這樣，張葉兩家的院牆之間，就形成了六尺寬的巷道；讓一讓，六尺巷。古代開明之士尚能如此，今天朋友之間處理小是小非，應該比封建時代更高一籌。

忍讓不是懦弱可欺。相反，它更需要的是自信和堅韌的品格。古人講「忍」字，至少有如下兩層意思：其一是堅韌和頑強。晉朝朱伺說：「兩敵相對，惟當忍之；彼之能忍，我能忍，是以勝耳。」（《晉書·朱伺傳》）。這裡的忍，正是頑強精神的體現。其二是抑制。《荀子·儒效》：「志忍私，然後能公；行忍情性，然後能修。」被譽為「亙古男兒」的宋代愛國詩人陸游，胸懷「上馬擊狂胡，下馬草戰書」的報國壯志，也寫下過「忍字常須作座右銘」。這種忍耐，不正凝聚著他們頑強、堅韌的可貴品格麼？有誰說他們是懦弱可欺呢？

忍讓是一種眼光和度量，能克己忍讓的人，是深刻而有力量，是雄才大略的表現。

一個「忍」字，自古至今一直散發著神奇的光芒。古今中外幾乎所有的成功者，都大大地沾了「忍」字的光。

威廉‧麥金利（William McKinley）剛任美國總統時，他指派某人做稅務部長。當時有許多政客反對此人，他們派遣代表前往總統府進謁麥金利，要求他說明委任此人的理由。為首的是一位身材矮小的國會議員，他脾氣暴躁，說話粗聲粗氣，開口就把總統大罵了一番。麥金利卻不吭一聲，任憑他聲嘶力竭罵著，最後才極和氣地說：「你講完了，怒氣該可以平息了吧？照理你是沒有權利這樣來責問我的，不過我還是願意詳細地跟你解釋……」幾句話說得那位議員羞慚萬分。但總統不等他表示歉意，就和顏悅色地對他說：「其實也不能怪你，因為我想任何不明真相的人，都會大怒。」接著，他便把理由一一解釋清楚。

其實不等麥金利解釋，那位議員已被他折服。他心裡懊悔，不該用這樣惡劣的態度來責備一位和善的總統。因此，當他回去向同伴們彙報時，只是說：「我記不清總統的全部解釋，但有一點可以報告，那就是總統的選擇並沒有錯。」

沒想到，向來為人們所輕視的「忍氣吞聲」有其極大妙處，不發怒不但使麥金利的解釋獲得效果，而且使那位議員從此悔悟，以後永遠不再做出如此衝動而又令人難堪的舉動。別人故意用種種計謀，使你大發脾氣，而你一氣之下，就會做出不理智的事情，這樣無疑是不理智的。

幾多痛苦，幾多折磨，幾多困難，幾多險境……幾乎每個人在生命的旅途上，都要受到命運之神的捉弄。當你不甘心做命運的奴僕而又未能扼住命運的咽喉之時，必須學會忍耐 —— 讓所有的痛苦都在忍耐中得到淡化，所有的眼淚都在忍耐中化作輕煙。

忍耐並不是逆來順受，屈服於命運之神的誘惑與調遣。生活的滄桑使生命的深淵埋下難言的隱痛，忍耐卻可以使人相信，隱痛必然消失，暴風雨過後的天空更加明麗。

忍耐更不是消極頹廢，它是在沉默中悄然降下信念的帆篷。顛沛人生使人感到迷離恍惚，忍耐卻把難熬的寂寞、憂憤、艱辛強壓在心底，不使它偷偷鑽出來、浸開去，甚至傾斜心靈的天平。

忍耐是意志的磨練、爆發力的積蓄；是用無聲的奮鬥衝破羅網，用無形的烈焰融化堅冰。在忍耐中發憤、在忍耐中奮鬥，倔強的心靈在忍耐中受苦，人生才能煥發出奇光異彩。生命的負累往往也正是生命的光榮。

學會忍耐，學會在忍耐中鍥而不捨地追求，在忍耐中更深刻地感受人生。「天才，無非是長久的忍耐！努力吧！」—— 莫泊桑（Henry-René-Albert-Guy de Maupassant）實踐了福樓拜（Gustave Flaubert）的這句贈言，最終才成為世界文壇的一顆明星。

那麼如何才能達到「忍」的境界？

- 經常明確地意識到目標的存在，使自己為了達到這個目標，而不斷提高思考能力。

- 嘗試著去了解自己做每一件事情的意義所在：一旦能夠理解了以後，對工作抱持的態度，就會從「應該做」進入「必須做」這種積極的正面思考模式。如此一來，必能減少工作時的緊張感和壓迫感，而愉快地完成工作。否則，一味的強迫自己去做不喜歡的事情，不但會增加不少的麻煩和痛苦，精神上也很容易疲勞而變得毫無效率可言。

- 培養安於困境的習慣：一個人在面對困難的情境時，常常會表現出逃避的傾向。但是為了能夠自我控制，就必須忍耐這種困境所帶來的痛苦。那麼時間一久，自然會在不知不覺間，培養出一種安於困境的耐力，而能夠全神貫注在自己的工作上。

· 學習抑制衝動的情緒：這件事乍看之下，似乎很難。但是，只要我們稍微冷靜地加以分析，很容易便可以發現，要抑制衝動的情緒，事實上是很簡單的。不過，對於比較強烈的衝動或欲望，還是應該選擇一個適當的時機，使他們有機會盡量地發洩出去，比較妥當。

按照上面所敘述的方法，經常自我訓練，能夠幫助你很快地在潛意識之中，很自然地進入「忍」的最高境界。

▌做人需要學點「糊塗」

水至清而無魚，人至察則無徒。

—— 《漢書·東方朔傳》

有首歌中唱道：「借我一雙慧眼吧，讓我把這世間看個清清楚楚、明明白白。」歌裡傳達出一種對世事變幻莫測的無奈以及渴望看清真相的期望。

其實，人世間的事，真的有必要看得那麼清楚透徹嗎？有道是距離產生美。「距離」為什麼產生「美」？因為有距離，你看得並不真切與透徹，模糊之中便產生了美。

水至清而無魚，人至察則無徒。在與人相處的過程中，除了少數大是大非的原則性問題，大多數問題都無妨「糊塗」一點。

「糊塗」好處之一——減少不必要的煩惱

生活中，無論同事、鄰里之間，甚至萍水相逢，不免會產生些摩擦，引起些煩惱，如若斤斤計較，患得患失，往往越想越氣，這樣很不利於身心健康。如假裝糊塗去對待，煩惱自然會少得多。有一則外國寓言說，在科羅拉多州的山坡上，豎著一棵大樹的殘軀，它已有 400 多年歷史。在它漫長的生命裡，被閃電擊中過 14 次，無數的狂風暴雨襲擊過它，它都巍然不動。最

後，一些小甲蟲卻使它倒在了地上。這個森林巨人，歲月不曾使它枯萎，閃電不曾將它擊倒，狂風暴雨不曾使它屈服，卻在一些可以用手指輕輕捏死的小甲蟲持續不斷的攻擊下，倒了下來。這則寓言告訴我們，人們要提防小事的攻擊，要竭力減少無謂的煩惱，否則，小煩惱有時候是足以讓一個人毀滅的。人生只有短短的幾十年，不要將太多的時間，浪費在那些無謂的小事煩惱上。生命太短促，在某些問題上糊塗一些吧，不要再為小事垂頭喪氣。

「糊塗」好處之二—有利於集中精力工作或學習

一個人的精力是有限的，如果一味在個人待遇、名譽地位上斤斤計較，或把精力都花費在勾心鬥角、玩弄權術上，就不利於工作和學習。世上有很多有所建樹者，大凡都有股「糊塗」勁，古今中外，不乏其例。鄭板橋、曹雪芹如此；瑪里·居禮（Marie Curie）、愛因斯坦也如此。1401 年，義大利的佛羅倫斯舉行青銅門扉雕刻大賽，雕刻家布魯內萊斯基（Filippo Brunelleschi）敗給了同行吉貝爾蒂（Lorenzo Ghiberti）。對此，他甘拜下風，並不耿耿於懷，並轉而研究起雙殼結構的圓形屋頂，成為一個傑出的建築學家。皮耶·居禮去世後，有人企圖陷害瑪里·居禮，散播了一些聳人聽聞的謠言。一開始，瑪里·居禮（Marie Curie）痛不欲生。後來，她鎮靜下來，裝「糊塗」，不予反擊，透過埋頭研究來粉碎妒才小人的詭計。第二次獲得諾貝爾獎，使得瑪里·居禮聲名遠播。這時，原先誹謗她的人感到羞愧，有的還請求瑪里·居禮的寬恕。因此，從某種意義上說，糊塗是取得事業成功的一個秘訣。

「糊塗」的好處之三—有利於消除隔閡

《莊子》中有句話說得好：「人生天地之間，若白駒之過隙，忽然而已。」人生苦短，又何必為區區小事而耿耿於懷呢？即使「大事」，別人有愧對你

之處，糊塗些，反而會感動人，從而改變人。如在學校裡，班導師帶班時適當用些「糊塗術」，它有利於保護每個學生的自尊心，避免師生或同學間衝突加劇，營造和諧團結的班級氛圍，促進學生心理健康。

當然，這裡說的糊塗決不是渾渾噩噩、糊裡糊塗，而是大事不糊塗，小事講糊塗。「責己重以周，待人輕以約」，有理也要讓三分。如果人人如此，人際關係將和諧美好。

▎要有主動「讓道」的精神

你敬人一尺，人敬你一丈。

—— 俗諺

主動「讓道」是一種寬容，即是在人際交往中有較強的包容度。包容就是寬厚、容忍，心胸寬廣、忍耐性強。人們常說：「大海是廣闊的，比大海更寬廣的是天空，比天空更廣闊的是人的胸懷。」也有人把耐心比作彈簧，具有能伸能屈的韌性。有人曾說：「誰若想在困厄時得到援助，就應在平時待人以寬容。」也就是說，包容接納、團結更多的人，在平常的時候共奮鬥，在困難的時候共患難，進而增加成功的力量，創造更多成功的機會。反之，沒有包容心，則會使人彼此疏遠，難以合作。

主動讓道，要求首先要學會寬以待人。寬以待人，就要將心比心，推己及人。孔子早就告誡人們：「己欲立而立人，己欲達而達人；己所不欲，勿施於人。」意思是自己不願做，不能接受的事情一定不能推給他人，而要將心比心。「己所不欲，勿施於人」，在人際交往中是非常重要的原則，它可以避免提出人們難以接受的要求，避免由此帶來的難堪局面，建立和維持良好的人際關係。推己及人，也就是以自己為尺規，衡量自己的舉止能否為他人所接受，其依據是人同此心，心同此理。將心比心，還可以採用角色互換的

方法，假設自己站在對方的位置上，就能夠設身處地地體會到對方的感受，從而達到諒解別人的目的。

有個航海家說：「航行中有一條規律可循，操縱靈敏的船應該讓道給不太靈敏的船。」我們在遇到分歧或是爭執時，一定要注意他人的建議是否有合理性，絕不能一棍子打死。主動「讓道」，而不應爭先「搶道」。「禮讓三分」能確保「安全」，於己於人都有利。

人往往能夠將別人的缺點看得一清二楚，但這並不意味著可以因此嚴厲地指責別人。在與人相處時，應該懂得體諒他人，在不傷害人的前提下，適當地幫助別人。如果以嚴厲的態度對待他人，容易招致他人的怨恨，反而無法達到目的。避免遭受困擾的關鍵就在於你能否以寬容的態度對待他人。

主動讓道的寬容，還包括對愛情觀點的處理。我們不應用苛刻的標準去要求對方，應尊重對方的自由權利。愛情之所以可以成為催人上進的力量，不是由於嚴厲，而是由於寬容。愛情使人原諒了愛人的種種缺點、毛病，恰恰能使愛人「舊貌換新顏」。因此，做一個肯理解、容納他人的優點和缺點的人，才會受到他人的歡迎。而對人吹毛求疵，又批評又說教的人，是難以擁有自己朋友的，別人對他只有敬而遠之。

有一個年輕人抱怨妻子近來變得憂鬱、沮喪，常為一些雞毛蒜皮的小事對他嚷嚷，甚至會對孩子無緣無故地發脾氣，這都是以前不曾發生的現象。他無可奈何，開始找藉口躲在辦公室，不願回家。一位經驗豐富的長者問他最近是否爭吵過，年輕人回答說，為了裝飾房間發生過爭吵。他說：「我愛好藝術，遠比妻子更懂得色彩，他們為了每個房間的顏色大吵了一場，特別是臥室的顏色。我想漆這種顏色，她卻想漆另一種顏色，我不肯讓步，因為我對顏色的判斷能力比她要強得多。」長者問：「如果她把你辦公室重新布置一遍，並且說原來的布置不好，你會怎麼想呢？」「我絕不能容忍這樣的事。」年輕人答道。於是長者解釋：「你的辦公室是你的權力範圍，而家庭及家裡

的東西則是你和你妻子共同的權力範圍。如果按照你個人的想法去布置『她的』廚房，那她就會有你剛才的感覺，好像受到侵犯一樣。當然，在住房布置問題上，最好雙方能意見一致，但是要記住，在做決定時也應尊重你妻子的意見。」年輕人恍然大悟，回家對妻子說：「你喜歡怎麼布置房間就怎麼布置吧，這是我們共同的空間，你也有權力如何布置。」妻子大為吃驚，幾乎不相信。年輕人解釋說是一個長者開導了他，原都是他的錯。妻子非常感動，後來兩人言歸於好。夫妻生活和其他許多人際關係一樣，會有很多不盡如人意的地方，針鋒相對永遠也不是解決的好方法，主動讓道則能使雙方更多感受到寬容的力量，只有以寬容態度面對問題，才可能很好地解決。

　　古人云：「地之穢者多生物，水至清者則無魚。故君子當存含垢納汙之量。」人不能太清高，因為世界本來就很複雜，什麼樣的人物都有，什麼樣的思想都有，如果事事與人斤斤計較，只會自己堵住自己的路。一個人必須具有容納汙穢的能力，再加上包容一切善惡賢愚的態度，才能有成功的人際關係。因此，古往今來成大事的人，無不具有寬容的品德。如果我們能愛心永存，真誠待人，寬以待人，就能盡可能地贏得別人的好感、依賴和尊敬，也能較好地與周圍的人和睦相處，在人生旅途中也就能順利地前行。主動讓道，會給自己省卻很多的麻煩，也會減少很多的煩惱，寬容忍讓的習慣與作風，會增加你的人格魅力，成為一個受人尊敬的人。

▎退一步行安樂法

　　　　退一步行安樂法，說三個好歡喜緣。

—— 蘇子瞻

　　當你被人無情地侮辱之後，你是否會勃然大怒？發怒時，你可能會為自己開脫，認為發怒是生活的一部分，甚至會為自己的暴躁脾氣辯護：「我要是不

發脾氣，我真的會受不了。」儘管如此，可能你自己也不喜歡生氣這種行為。

過度生氣，就成為「憤怒」，這是一時感情衝動的表現。不能用理智的、正確的態度來冷靜對待，不能用合理的方法準確而又恰當地處理。如找對方理論，打電話把對方痛罵一通，立即找人申訴，警告脅迫對方，乾脆用拳頭暴力解決，更嚴重者摔東西，罵東罵西，大吼大叫，暴跳如雷等，這種最粗暴簡單的表現就是憤怒。

憤怒，體現的是不健全的心態。這是一種殘缺的人格素質，越是愚蠢、粗魯的人越容易發怒。憤怒到極限時，就容易導致理性的喪失，說出本不應該說的話，做出本不應該做的事。經常事後向人賠禮道歉的，多是那些沒事愛動肝火的人。

憤怒和生氣是拿別人的錯誤懲罰自己，傷害的也只能是自己的身心。當一個人憤怒而情緒激動時，整個情感神經系統都運作了，造成瞳孔擴張，心跳加快，呼吸急促，動脈收縮，腎上腺分泌等，甚至有人氣得咬牙切齒，全身發抖。在這種情況下，很容易意氣用事，結果害人害己，造成了無法彌補的遺憾，陷入困境。由於情緒失控，頭腦不清醒，就更難找到擺脫困境的途徑。唯一可取的是保持冷靜，冷靜是一種積極的、由靜轉動的心理活動過程。

冷靜，目的在於使自己能客觀地從對方的攻擊中找出他的不符合事實、不近情理之處，抓住弱點、分析目的，然後採取對策，加以揭露、予以反擊，使自己從劣勢轉為優勢，轉危為安。

奧斯卡金像獎獲得者——好萊塢明星保羅・紐曼（Paul Leonard Newman），從影早期曾拍過一部失敗影片《銀酒杯》，他的家人也不客氣地把它評為「一部糟糕的影片」。若干年之前，洛杉磯電視臺突然決定重新在一周內連續放映該片，顯然是有意在大眾面前中傷他。

紐曼對此經過冷靜思考後，來個異軍突起，後發制人。他自費在頗有影

響的《洛杉磯時報》上連續一周刊登大幅廣告：「保羅‧紐曼在這一周內每夜向你道歉！」此舉轟動全美，大獲全勝，他不僅未因此出醜，反而得到絕大多數人的同情、諒解，從而聲譽大增，好評如潮。經過不懈努力，後來終於獲得第 59 屆奧斯卡金像獎。

忍得一時之憤，免得百日之憂。紐曼的勝利取決於冷靜、誠實和勇氣。在當眾受辱之後，既不暴跳如雷，也不萎靡不振，他保持動態的冷靜，公開坦然承認自己過去的失敗，這樣非但絲毫無損於自己的形象，反而使對方陷入被動的境地，暴露出其居心之卑劣。

很多時候，當你遇到的結果超乎你的預料時，就認為事情不應該是這樣的，於是感到自己丟了面子。接著便是一些衝動的行為，其實這樣的想法和行為都是很愚蠢的，只會給別人留下小家子氣的印象。

安身立命應盡量使自己少發怒，盡可能不發怒，就是到了情緒忍無可忍的時候，也只是合理地宣洩怒氣。

有位商人對自己發洩怒氣的方法說得非常有趣，他說：「當我自知怒氣來時，連忙不動聲色地設法離開，跑到健身房，或和拳師對打，或猛力捶擊沙包，直到發洩完我的滿腔怒火為止。」

當遭受不公正待遇時，大有心中怒氣沖決之勢，不妨確立一個「假想敵」，把無限不平之氣都發洩在它的身上。張先生性情十分急躁，一次受到過火的批評，滿肚子怨氣，欲以拳腳工夫施以報復。張先生一位年老的朋友見狀，忙把他拉到農地，命其挖土。他下意識地刨個大坑，爾後填土，再刨、再填，如此反覆，終於雨過天晴。

另外，以筆作武器，將心中的話兒傾注在紙上，也是一種很好的自我宣洩方法。透過寫詩、寫日記，可以有效地宣洩鬱積在心頭的不平之氣。

君子不念舊惡

不要因為你的敵人而燃起一團怒火，熾熱燒傷的是你自己。

—— 莎士比亞

別人對我們的幫助，千萬不可忘了；但是別人若有愧對我們的地方，應該樂於忘記。樂於忘記乃是一種心理平衡。「念念不忘」別人的「壞處」，最受其害的反是自己的心靈，使得自己痛苦不堪，又何必呢？樂於忘記是成大事者的突出特徵，既往不咎的人，才可甩掉包袱，而大踏步地前進。

佛界有一副名聯：「大肚能容，容天下難容之事；開懷一笑，笑世間可笑之人」。諺語中還常說：「將軍額上能跑馬，宰相肚裡可撐船」、「忍一時風平浪靜，退一步海闊天空」，這些話無非是強調為人處世要豁達大度，要不念舊惡。也許是昨天，也許是在很早以前，某個人傷害了你的感情，而你又難以忘懷。你自認為不該得到這樣的損傷，因而它深深地留在你的記憶中，在那裡繼續侵蝕你的心。

當我們記恨我們的仇人時，我們的內心被憤怒充斥著，這就等於給了對方制勝的力量，那力量能夠妨礙我們的睡眠、胃口、血壓、健康和快樂。如果我們的仇人知道他們如何令我們苦惱，令我們心存報復的話，他們一定非常高興。我們心中的恨意完全不能傷害到他們，卻使我們的生活變得像地獄一般。

在待人處事中，度量直接影響人與人之間的關係是否能和諧發展。人與人之間經常會發生矛盾，有的是由於認識水準的不同，有的是由於一時的誤解造成的。如果我們能夠有寬容的度量，以諒解的態度去對待別人，就可以贏得時間，使矛盾得到緩和；反之，如果度量不大，那麼即使為了芝麻點大的小事，互相之間也會斤斤計較，爭吵不休，結果是傷害了感情，影響了友誼。人與人相處中難免會有些摩擦，所以，不念舊惡顯得尤為重要。

西漢末年，王莽篡權後，驕奢淫逸，民不聊生，各路豪傑和農民起義軍

紛紛興起，與王莽政權鬥爭。結果，王莽政權被推翻了。然而在王莽政權傾覆之後，各種豪傑為爭皇位，又打得不可開交，其中就有一支由劉秀上司的隊伍。劉秀採納了部下邳彤的建議，用大司馬的名義，召集人馬，又招募了4,000精兵。他的部將任光向天下宣告說：「王郎冒充劉氏宗室，誘惑人民，大逆不道。大司馬劉公從東方調百萬大軍前來征伐。一切軍民，歸順的，既往不咎；抗拒的，決不寬容！」任光派騎兵把這個通告分發到鉅鹿和附近各地。老百姓看到了通告，紛紛議論，把消息越傳越遠。王郎後下的兵將聽到了，都害怕起來，好像大禍臨頭似的。

劉秀親自率領4,000精兵，又打下了鄰近好幾座縣城，勢力漸漸大起來。沒過多少日子，又有不少地方首領，看到了通告，率兵前來投靠劉秀。劉秀向鉅鹿發起了攻擊。

不久，劉玄也派兵來征伐王郎。兩路大軍聯合在一起，連續攻打了一個多月，仍然沒有攻破鉅鹿城。有幾位將領對劉秀說：「我們何必在這裡多耗時日呢？不如直接去攻打邯鄲。打下了邯鄲，殺了王郎，還怕鉅鹿城不投降嗎？」劉秀採納了他們的意見，留下了一部分兵馬繼續圍攻鉅鹿，自己帶領著大軍去攻打邯鄲，接連打了幾個勝仗。王郎的軍隊支持不住了，就打開城門，獻城投降。劉秀率領大軍進入邯鄲，殺了王郎。

劉秀住進了王郎在邯鄲修建的宮殿，命令他手下的人檢點朝中的公文。這些公文大部分是各郡縣的官吏和豪紳大戶與王郎之間往來的文書，內容大多數是奉承王郎，說劉秀壞話，甚至幫助出主意剿殺劉秀的。對這樣的文書，劉秀看也不看，把它們全都堆在宮前的廣場上，並召集全體官吏和將士，當著他們的面，把這些文書一把火燒掉了。有人提醒劉秀說：「您怎麼就這樣燒掉了呢？反對我們的人都在這裡頭，現在連他們的名字都查不著了。」劉秀對他們說：「我燒掉這些，就是要向所有的人說明，我不計較這些已經過去的恩恩怨怨，好讓大家都安心，讓更多的人擁護我們。」

　　勸說的人這才明白過來，劉秀不追究那些曾反對過自己的人，那些人就會心安理得地服從劉秀，而不會因為害怕劉秀報復，投入反對劉秀的陣營。大夥都佩服劉秀的深謀遠慮和開闊的胸懷。一些過去反對劉秀的人，見了劉秀的這種舉動，反而願意為劉秀效力了。劉秀贏得了人心，得到更多人的支持，最後終於成為東漢的開國皇帝。

　　社會由人組成，而人與人之間透過各種形式的交往而發生各種關係，於是就產生了是非恩怨。受人恩惠，心存感激，所受恩惠越大，感激越深。然而，時過境遷，別人辜負了自己，對其產生怨恨之心，就會念念不忘，並記在心頭伺機報復，如此一來，恩仇何時能了？安身立命最好的辦法是：記功忘過，報恩忘怨。

　　古人古事，膾炙人口。以古為鏡，會使人淨心靈、辨是非、明前途。

　　人要有點「不念舊惡」的精神，在許多情況下，人們誤認為「惡」的，又未必就真是什麼「惡」。退一步說，即使是「惡」，對方心存歉疚，誠惶誠恐，你不念舊惡，以禮相待，也能改「惡」從善。

　　恩仇德怨是相對的，在一定條件下可以互相轉化。怨恨會由於行善、施惠而更加明顯，可見行善並不一定都使人讚美，所以與其讓人感恩懷德，不如讓人把讚美和怨怒統統忘掉。仇恨由於恩惠而產生，可見與其施恩希望人家感恩戴德，還不如謝恩惠與怨仇兩者都消除。大丈夫為人行事，只要問心無愧，世俗小人與邪惡之徒的怨恨、非議是不足計較的。記功忘過，報恩忘怨是成大事者的突出特徵，不念舊怨，忘記功德的人，才可用掉包袱，而大踏步地前進。

　　讓歲月為我們撫平仇恨的傷痕，因為如果我們這樣做的話，我們就不會再深深地傷害自己。讓我們像大海一樣，不要浪費一分鐘時間去想那些我們根本就不喜歡的人，把精力和感情白白地耗費在他們身上，那是非常不明智的做法。

▌智慧錦囊：如何減少爭論

吃素菜，彼此相愛，強如吃肥牛，彼此相恨。

——《聖經》

寬恕、裝糊塗並不是主張絕對不要和別人爭論，在有的時候、有些場合，還應該為自己確信的真理和主張去和反對者爭論，辨別是非。這種爭論，有時還會發展到很激烈的程度，最終成為一場爭吵。

在一般交談的場合，要極力避免和別人爭論，因為交談的主要目的是促進彼此的了解，增進雙方的友誼，是一種社交活動，一旦爭論就很容易傷感情，和原來的目的背道而馳了。

然而，這也並不是說，要完全放棄自己的看法，別人說黑，你也跟著說黑；別人說白，你也跟著說白，這樣雖然可以避免爭論，但你已經變成一個沒有確定的主張和見解的牆頭草，或者被人家看成不誠懇不老實的老狐狸，這也會妨礙正常交往的進行。

如果要做到既不必隨聲附和別人的意見，又避免和別人爭論，那如何做到兩全其美呢？

（1）盡量了解別人的觀點

在許多場合，爭論的發生多半由於大家只看重自己這方面的理由，而對別人的看法沒有好好地去研究、去了解。如果我們能夠從對方的立場去思考問題，嘗試著去了解對方的觀點，就能夠理解為什麼他會這樣說、這樣想。這樣，一方面使我們自己看事情的時會更全面；另一方面也可以看到對方的想法也自有其道理。即使自己仍然不同意對方的看法，但也不至於完全抹殺對方的理由，那麼自己的態度也可以比較客觀一點，自己的主張就可以公正一點，發生爭論的可能性也會比較少。

同時，如果能掌握住對方的觀點，並用它來說明自己的意見，那麼，對方就容易接受得多，而你對其觀點的批評也會中肯得多。而且，對方一旦知道你肯細心地體會他的誠意，對你的印象自然會比較好，對方也會嘗試著去了解你的看法。

(2) 對方的言論，你所同意的部分，盡量先加以肯定，並且向對方明確地表示出來

一般人常犯的錯誤就是過分強調雙方觀點的差異，而忽視了可以相通之處。所以，我們常常看到雙方為了一些枝微末節的差別爭論得非常激烈，好像彼此的主張沒有絲毫相同之處，這實在是不智之舉，不但浪費許多精力與時間，而且使雙方的觀點更難溝通，更難得到一致的或相近的結論。

發生爭執時，應先強調雙方觀點相同或近似的地方，在此基礎上，再進一步去求同存異。我們的目的是在交談中使雙方的觀點更接近，雙方的了解更深刻。

即使你所同意的僅是對方言論中的一部分或一小部分，只要你肯坦誠的指出，也會因此營造交談比較融洽的氣氛，而這種氣氛，是能夠幫助交談發展，增進雙方了解的。

(3) 雙方發生意見分歧時，應盡量保持冷靜

通常，爭論多半是雙方共同引起的，你一言我一語，互相刺激、互相影響，結果火氣越來越大，頭腦也不清醒。如果有一方能夠始終保持清醒的頭腦和平靜的情緒，那麼，就不至於爭吵起來。

但也有的時候，會遇見一些非常喜歡跟別人爭論的人，尤其是他們蠻橫的態度和無理的言詞常常使一個脾氣很好的人都會失去忍耐。在這種時候，仍然能夠不慌不忙、不急不躁、不氣不惱的耐心傾聽與講解，將會使你能夠

跟那些最不容易合作的人，也可以好好地進行有益的交談。

（4）永遠準備承認自己的錯誤

堅持錯誤是容易引起爭論的原因之一。只要有一方在發現自己的錯誤時，立即加以承認，那麼，任何爭論都容易解決，而大家在一起互相討論，也將是一樁非常愉快的事情。在交往中，我們不能對別人要求太高，但卻不妨以身作則，發現自己有錯誤的時候，就立刻坦然地加以承認。這種行為和風度，不但給予別人很好的印象，而且還會把談話與討論帶著向前跨進一大步，使雙方都在一種愉快的心情之中交換意見與研究問題。

（5）不要直接指出別人的錯誤

在討論問題的時候，如果不去把別人的錯誤指出來，很容易使交談變成一種虛偽做作的行為。意見的討論、思想的交流，都成為根本沒有必要的行為。

事實上，指出別人的錯誤也的確是一件困難的事，不但會打擊對方的自尊和自信，而且還會妨礙交談的進行，影響雙方的友情。

那麼，如何才能做到兩全之道呢？

重點是不必直接指出對方的錯誤，但卻要設法使對方發現自己的錯誤。

在日常生活中，大家交談的時候，並不是每一個人都能夠時時始終保持清醒的頭腦和平靜的情緒，許多人都有意氣用事的時候。即使那些自己很願意跟別人心平氣和地討論問題的人，有時也不免受自己的情緒支配，在自己的思考與推論中，摻進一些激動情緒的成分。如果把這些成分直截了當地指出來，往往會使對方的思想一時轉不過來，或是情緒上受到影響，感到懊惱異常。或者引起他的惡意反擊，或者使他盡力維護自己的弱點，這都是對交談的進行十分不利的。

但如果在發現對方推論錯誤的時候，你就需要將交談的速度放慢，用一種商討的溫和的語調陳述自己的看法，使對方能夠自己發現你的推論更有道理。在這種情形下，也就比較容易改變對方的看法。

人都免不了會出錯，假使他們能夠自己發覺錯誤所在，他們就會自動加以修正。但是如果被人不客氣地當眾指出來，他們就會盡力去掩飾、盡力去否認，甚至盡力去爭論，因此為了避免使他們情緒激動，我們就不能直接批評他的錯誤，不要讓他當著眾人的面丟臉。有的人一看到別人犯了一點錯誤，就死抓著不放，還大肆宣揚，自鳴得意，讓對方為難。這是一種幼稚的衝動，是一種幸災樂禍的表現，而不是待人友好，與人為善的做法。

(6) 莫求一次制勝

我們要改變一個人的看法和主張，並不是一朝一夕就可以成功的。所以我們不但不要急著去使別人接受我們的意見，反而更要爭取長期和別人互相交談的機會，讓我們從心平氣和的討論中，逐漸把正確的真理，傳播到朋友們的心中。

第九章　淡泊明志　心胸寬闊

第十章　幽默風趣　亦莊亦諧

▌有一種美麗叫幽默

幽默可謂對生活不調合部分善意的考慮以及藝術的表現……而幽默的根本則是人性善良的一面。

—— 李科克（Stephen Leacock）

　　幽默的魅力，仿若空谷幽蘭，你看不到它盛開的樣子，卻能聞到它清新淡雅的香味；幽默的魅力，又如美人垂簾，不能目睹美人之芳華，卻能聽到美人的聲音，間或環佩叮咚，更引人無限遐思……

　　幽默是一種氣質、一種胸懷、一種智慧、一種人生態度，是人最可貴的內涵和品格。有幽默感的人是快樂的，與有幽默感的人相處也是充滿愉悅的。一樣的天空、一樣的大地、一樣的人生，幽默的人卻可以使天空更廣闊、大地更遼遠、生命更美好。

　　「有幽默感」，這句話可以認為是對人極高的讚賞，因為他不僅表示了受讚美者的隨和、可親，能為嚴肅凝滯的氣氛帶來活力，更顯示了高度的智慧、自信以及適應環境的能力。

　　幽默是人類的一種思考方式，幽默為人們提供了另一種看世界的方法；作為一種人生態度，幽默是人們對人與事徹悟後的積極和樂觀；作為一種個人才情，幽默是一個人魅力、能力和創造力的重要象徵。

　　幽默是如此的美好，它不僅為人們帶來快樂，而且還能使人們在心理上得到某種平衡。因此，卓別林（Sir Charles Chaplin）說：透過幽默，我們看到哪些似乎是理性的、哪些似乎是愚蠢的、哪些似乎是重要的、哪些似乎是無足輕重的，它能增強我們的生存感，使我們的心志保持健康。

　　幽默作為智慧的產物，其內涵豐富，它顏若桃花、氣若蘭芝，能帶給人愉悅的享受。

(1) 幽默，是一種喜劇精神

什麼是喜劇呢？有智者曾戲答：「喜劇是將那無價值的撕破給人看。」無價值的東西再給撕破了，就會有些價值，幽默有以喜劇為美的精神，它的「有些價值」則是「使人愉快。」

我們說幽默有喜劇之精神，並不是要將幽默「嫁給」喜劇。喜劇性的東西未必全是幽默，如卓別林對自己在喜劇中的第一個角色如此描述：「我走進了休息室，被一位老太太的腳絆倒在地。我轉身向她抬了抬我的帽子，表示歉意；接著，剛扭過身，又被垃圾桶絆倒，於是又轉過身去向垃圾桶抬了抬我的帽子，攝影機後面的人都笑了起來。」

上述向垃圾桶道歉的笑料，幾乎不含深層智慧，甚至有點鬧劇色彩，十分滑稽，引發的是一種「看熱鬧」的快感，而作為喜劇精神的表現，幽默應該要引起人們的想像，讓人得到身心共融的美感。

(2) 幽默，是一種意境之美

它不是隨心所欲、信口開河的噱頭，也不是打情罵俏似的耍嘴皮子。幽默之美是表達者透過自己的精心安排，誘導欣賞者經過前因後果的推理、聯想，最終得到心理層面的喜悅。因此，幽默是表演者與欣賞者之間的一種默契，是心領神會的產物，是幽默作品默默流露的一種境界之美。

有人問某個羽量級拳擊冠軍：「你願意寫什麼樣的墓誌銘？」他微笑著回答：「你愛數多少下就數多少下吧！反正我最後是起不來了。」還有另一則「小幽默」與上述體壇幽默可以說是相映成趣：

一位拳擊手患了失眠症，跑去看醫生，醫生診斷後，為他開了一些安眠藥。

幾天之後，拳擊手又跑到醫生那裡：「醫生，我參加比賽後太興奮了，吃安眠藥還是難以入睡。」於是，醫生勸他試著在心中默默數數，一直數到厭

煩之極，意識模糊了，便可入睡。

又過了幾天，拳擊手再次跑到醫生那裡：「辦不到，辦不到！我每次數到九就會跳起來。」

很顯然，上述兩則趣聞軼事表現了幽默的意境之美。首先，體育競技是人類力量極限的展現，利用它來製造幽默，能帶給人美的聯想；其次，它需要表演者和欣賞者之間的默契，即知曉拳擊比賽的規則之一 —— 當一位拳擊手被擊倒在地上時，裁判員便開始計數，倒地的拳擊手如果不能在十秒以內站立起來，便輸掉了這場比賽；其次，失眠和死亡是人們不願意接受卻又無可奈何的事，趣聞軼事用玩笑的方式超然待之，表現了一種樂觀精神。

這就是幽默智慧討人喜歡之處。

▌用幽默俘獲人心

幽默能為你帶來壓倒一切的勝利。

—— 巴爾札克（Honoré de Balzac）

在現代社會的人際交往中，交往的程度依賴雙方互相間吸引力的強弱而定。昔時「桃李不言，下自成蹊」是眾人所稱道的交往觀念，意思是說：桃樹、李樹雖不說話，卻因為它們的鮮花和果實把人們都吸引過來，以至樹下都被踩出了小道。在強調吸引力的前提下，現代人的觀念則有所更新，即使你有花和果，也要「自我推銷」，只要不胡說八道，就是好的宣傳方式。

幽默能表現出一個人修養的深厚和智力優越，而且在有限的時間和空間之內，哪怕是初次見面的一次晚餐上，都能讓你一展才華，脫口而出，令人耳目一新，印象深刻。一段精彩的幽默對話，有時會教人一輩子不忘，你的形象和你的故事會一起被新舊朋友們長久地儲存在大腦深層。為什麼幽默能帶給人無窮的吸引力呢？

首先，幽默中閃爍著睿智的光芒。有幽默感的人往往思路敏捷、反應迅速，即使是面對複雜的環境或場合，也能從容不迫地妙語如珠，終可化險為夷。

競選，這種唇槍舌劍的把戲，對觀眾來說，精彩刺激，十分好看；對競選者本人來說，卻險象環生，心驚膽戰。這時候，一個有幽默感的人會以自己獨特的魅力去贏得選民，因而大占便宜。

造謠中傷早在 1800 年的競選中就已經出現。那一年，約翰‧亞當斯（John Adams）參加美國總統競選，他的妻子阿比蓋爾‧亞當斯（Abigail Adams）為當時桃色醜聞的氾濫而感嘆。擔心它們會「毀壞人民的心靈和道德」。不巧的是共和黨人突然指控約翰‧亞當斯，說他曾派其競選夥伴平克尼將軍（Charles Cotesworth Pinckney）到英國去挑選四個美女做情婦，兩個給平克尼、兩個留給自己。約翰‧亞當斯聽後哈哈大笑，說道：「假如這是真的，那平克尼將軍肯定是瞞過我，全都獨吞了！」

約翰‧亞當斯用幽默回擊了謠言與中傷，溫柔而有力，終於贏得人心，成為美國歷史上的第二位總統。亞當斯的勝利當然不應全然歸功於幽默，但卻不能否認幽默魅力的功用。試想一下，如果亞當斯聽到攻擊之後氣急敗壞、暴跳如雷、臉紅脖粗，或辱罵對方的挑釁，或對天發誓：「若有此等醜聞，天打雷劈！」選民們還會支持他嗎？

其次，幽默能使人意志堅強，有幽默感的人往往具有奮力進取的特質。發明家愛迪生就是一個善於以幽默來看待失敗而不斷進取終獲成功的典型例子。

愛迪生在發明電燈的過程中，為尋找燈絲的材料，曾失敗了 1200 次。當時，有人告訴他：「你已經失敗了 1200 次了，還要試驗下去嗎？」

「不，我並沒有失敗，我已成功地發現 1200 種不適合做燈絲的材料。」愛迪生說。

　　愛迪生就是以偉大的幽默力量，從失敗中看到發現，在挫折中尋求鼓舞。這就是發明家理性光芒的照耀、思想通達的具體表現，這也是發明家百折不撓獲得碩果的訣竅。

　　再次，幽默展現了一種樂觀豁達的品格。

　　半夜時分，小偷光臨，總是件令人感到不愉快的事，可是有一戶人家卻並非感到驚恐和憤怒。

　　巴爾札克一生寫了無數作品，卻常常手頭拮据，窮困潦倒。有一個夜晚，他正在睡覺，有個小偷爬進他的房間，在他的書桌抽屜裡亂摸。巴爾札克被驚醒了。但他並沒有喊叫，而是悄悄地爬起來，點亮了燈，帶著平靜地微笑說：「親愛的，別翻了，我白天都不能在書桌抽屜裡找到錢；現在天黑了，你更別想找到啦！」

　　如果我們在生活中多一分樂觀、多一分豁達，許多事做起來就會順手順心，別人也會十分欣賞你。

　　最後，幽默能展現人的胸懷寬大。有幽默感的人大多寬厚仁慈，富有同情心。

　　某人房屋漏雨，屢次請人修繕，都未得到答覆。一日，房屋公司的上司剛巧問及這人房子之事。上司以為他可能會向其大訴苦處；不料某君微微一笑，道：「還好，不是經常漏雨，只有下雨時才漏。」

　　妙語博得上司及其他人的一陣大笑。幾天後，修房子的就來了。

　　綜觀來看，可見幽默是人的個性、興趣、能力和意志的一種綜合表現。它與人的智慧有著密切的關係，因為智慧包含著待人處世的靈活和周全。

用幽默擺脫窘況

預先構思好的幽默往往顯得笨拙，靈機一動的幽默往往更加精妙。

—— 劉心武

　　高尚的幽默，可以緩和衝突，消除誤會，使不利的一方擺脫困境。世界幽默大師蕭伯納（George Bernard Shaw）有一次在街上被一個騎自行車的人撞倒了。肇事者嚇得六神無主，驚慌之中連忙向他道歉，然而蕭伯納卻對他說：「先生，你比我更不幸，要是你再加把勁，那就可作為撞死蕭伯納的好漢而永遠名垂青史啦！」一句話使緊張的氣氛變得輕鬆起來。幽默，是社交場合裡不可缺少的潤滑劑，可以使人們的交往更順利、更自然、更融洽。

　　幽默是健康生活的調味料。在公共場合和家庭裡，當發現不和諧或談話中對某一方不利的情況時，超然灑脫的幽默態度往往可以使窘迫尷尬的場面在歡聲笑語中消失。夫妻間的幽默也很重要：在一方心情惡劣或雙方發生衝突時，偏激的話語無疑是火上加油；就是喋喋不休的規勸，也會事倍功半。而此時一個得體的小幽默，卻常常能使其轉怒為喜、破涕為笑。

　　兩度競選總統均敗在艾森豪將軍（Dwight David Eisenhower）手下的史蒂文森（Adlai Ewing Stevenson II），非常善於使用幽默力量。

　　他承認第一次榮獲提名競選總統時，的確受寵若驚，並打趣說：「我想得意洋洋不會傷害任何人，也就是說，只要人不吸入這空氣的話。」

　　在他第一次敗給艾森豪的那天早晨，他以充滿幽默力量的口吻，在門口歡迎記者：「進來吧，來幫烤麵包驗驗屍。」

　　幾年後的一天，史蒂文森應邀在一次餐會中演講，他因為在路上碰上閱兵行列經過而耽擱，到達會場時已遲到了。

　　他表示歉意，解釋說：「軍隊英雄老是擋我的路。」

史蒂文森雖然在競選中失利，但他用幽默的態度擺脫了「失敗者」的窘境，重塑了自己討人喜歡的形象！

每一個人都會有落入窘況的時候，幽默或許是最好的解決辦法。

化解尷尬

有一位叫阿芳的女孩，雖然沒有出眾的容貌和迷人的身材，但為人性情開朗、正直、幽默，許多人一旦和她說過幾次話，往往就不知不覺地被她的幽默所吸引，感受到她的魅力。

有一次，阿芳參加同學聚會，和同學們回憶著大學時代的美好生活。不料主人在招呼客人時，一不小心打翻一盆水，全灑在阿芳的腳上，把她那雙新皮鞋潑濕了。主人不知所措，顯得十分尷尬。阿芳卻不慌不忙地說：「一般正常情況是洗腳之前先脫鞋。」

一句話，使滿屋的人都笑了起來，難堪的氣氛也一掃而空，大家更加佩服阿芳。

在社交場合，說話風趣和幽默更能體現一個人的修養和禮儀，也表現出其人格魅力。在生活中，可依靠幽默化解尷尬的情況是非常多的，如某高中一位姓嚴的國文老師，學識淵博，教學時對學生要求很嚴格。一日，當他走進課堂，見黑板上赫然寫著「嚴可畏」三字。該老師見了學生的玩笑也不慍不怒，只見他停下來，對學生朗聲說道：「真正可畏的是你們！」學生們一時安靜下來，不知所措。嚴老師接著說：「不是嗎？後生可畏嘛！為了讓你們這些後生真的可畏，我這嚴老師怎可名不副實呀！」由「嚴可畏」三字，嚴老師準確地捕捉到學生們因自己的嚴格而生出的「怨言」與「不滿」，先是冷靜地予以寬容，進而曲解「可畏」二字，並且一語雙關，含蓄幽默地表達出必須「嚴」的道理以及要繼續「嚴」下去的決心，既寬容又溫和。

化解「被戳破」的被動局面

在社交場合，幾乎每個人都會不由自主地誇大事實或說些無關緊要的「謊言」，如果當場「露餡」，處理不好，往往是很尷尬難堪的，遇到這種情況該怎麼辦呢？有時採用「裝傻」的辦法常常能順利「過關」。

有時最高的社交智慧在於顯得一無所知。你懂得裝傻，實則並不傻。把自己的聰明放在「冰山」下面，假裝一無所知。談話中，故意裝傻會使你的語言幽默風趣，妙趣橫生，創造輕鬆、活潑、詼諧的交際氛圍。故意「裝瘋賣傻」會讓人詫異，感到「荒唐至極」，瞬間思考後便恍然大悟，覺得巧妙絕倫，諧趣無窮，發出會心的微笑，讚美說話者過人的智慧和高雅的幽默。

故意裝傻是高超的社交技巧，但在具體運用時，必須注意三點。

- **主動裝傻**：只有這樣，才能使人產生疑問，繼而加以思索，隨之理解用意，捧腹大笑。
- **讓別人明白自己的用意**：如果別人不理解你「裝瘋賣傻」背後隱藏的真實用意，就不會產生幽默感。
- **打破生活常規**：順著生活中固有的邏輯思考是難以產生幽默的。

▌幽默要有分寸

幽默感能改變我們整個文化生活的本質和特性。

—— 林語堂

人際交往中，適當來點幽默，可以鬆弛神經，活躍氣氛，創造出一個適於交際的輕鬆愉快的氛圍，因而詼諧幽默的人常能受到人們的歡迎與喜愛。但若是沒有掌握好程度，則適得其反，傷害感情。因此幽默也要掌握好分寸。

內容要高雅

　　幽默的內容取決於幽默者的思想情趣與文化修養。格調高雅的幽默，不僅能帶給對方啟發和精神的享受，也是能塑造自己的美好形象。鋼琴家波哥雷里奇（Ivo Pogorelić）一次演奏時，發現全場有一半座位空著，他對聽眾說：「朋友們，我發現這個城市的人們都很有錢，我看到你們每個人都買了兩三個座位的票。」這些聽眾放聲大笑。他的幽默成功化解了自己的窘境。

態度要友善

　　與人為善，是幽默的一個原則。如果藉此對別人冷嘲熱諷，發洩內心的厭惡、不滿，只會招人反感。也許有些人不如你口齒伶俐，表面上你占到上風，但別人會認為你無法尊重他人，從而不願與你來往。

要分清說話對象

　　同樣的幽默玩笑，能對甲說，不一定能對乙說。人的身分、性格、心情不同，對幽默的承受能力也不同。

　　倘若對方性格外向，能寬容忍耐，開的玩笑稍微過分點也能得到諒解。倘若對方性格內向，喜歡思索言外之意，開玩笑就應慎重。儘管對方平時生性開朗，如恰好碰上不愉快或傷心事，就不能隨便開玩笑。相反，對方性格內向，但正好喜事臨門，此時與他開個玩笑，效果會出乎意料的好。

場合要適宜

　　美國總統雷根一次在國會開會前，為了試試麥克風是否正常，張口便說：「先生們請注意，五分鐘之後，我將對蘇聯進行轟炸。」一語既出，眾皆譁然。雷根在錯誤的場合、時間裡，開一個極為荒唐的玩笑。為此，蘇聯政府提出了強烈抗議。由上述例子可知，在莊重嚴肅的場合不宜幽默。

幽默不能過分，尤其要分清場合和對象。

幽默從何而來

幽默乃是尊嚴的肯定，又是對人類超然事物外的胸襟之明證。

—— 佚名

充分地運用我們的幽默感是因為幽默是人的思想、情緒、閱歷、學識、智慧和靈感在語言運用中的結晶。但這不是天生的，需要從多方面去培養。幽默感是隨著人們閱歷和知識的不斷豐富以及對生活的不斷認識而形成的。

幽默作為一種能力，它像其他技能一樣，需要努力學習和實踐才能獲得。

因此，要培養幽默感必須從多方面去努力。

(1) 廣聞博見、豐富知識

幽默與廣聞博見有什麼關係？

就如同知識貧乏，胸無點墨，是寫不出文章的。同樣的，沒有知識、孤陋寡聞的人，即便口齒伶俐，也不能說出幽默的話來。

幽默是知識與智慧的產物。它需要豐富的知識，廣博的見聞，因此，我們要對古今中外、天南地北、歷史典故、風土人情都有所了解，用自然知識、歷史知識、社會知識、生活知識充實自己的頭腦。在這個基礎上才能得心應口，出口成章，說話才會瀟灑流暢、生動有趣。一些著名的政治家、思想家、軍事家、文學家、藝術家和科學家，之所以富於幽默感，就在於他們都具有豐富的知識和閱歷。

為了豐富我們的知識，博覽群書是不錯的辦法，書讀多了，知識自然得到充實。多讀書，也可看看一些文筆幽默的書籍，如讀一些笑話集、諷刺小

說、喜劇劇本等。這樣可以提高一個人的幽默感。

《紅樓夢》說：「世事洞明皆學問，人情練達即文章。」洞察社會的人情世故，這對於增強幽默感是極有幫助的。許多幽默的話語，都是建立在對社會上的各種事情的真知灼見之上的，否則就無法學會幽默的藝術。

（2）樂觀豁達

恩格斯（Friedrich Engels）說：「幽默是表明人對自己的事業具有信心並且表示自己占有優勢的象徵。」

幽默的談吐是建立在說話者身心健康、情緒樂觀的基礎之上的。幽默永遠屬於那些樂觀的人，屬於生活中的強者。所以，我們要熱愛生活，要樂觀、豁達，對人寬宏大度。這正如老舍所說：「幽默者的心是熱的」，這樣才能充分享受生活的歡樂，才能善意地表達自己的感受。

很多人在社交場合講話、談天時，言談話語間有時流露出一定的幽默感，使人感到分外熱情、親切，這便是與他們具有樂觀主義精神有關。

用樂觀的態度看待事物，就會發現生活中的諧趣處。同一件事，從不同的角度去看，就會產生不同的效果。這其中便有生活態度的問題。樂觀的人總是從樂觀的角度去看問題的。培養幽默感，就要從積極的角度去看待周遭，這樣才能使自己樂觀地面對生活，從而培養幽默感。

一個人如果總是背著沉重的精神包袱，整天憂慮重重，悲觀失望，他就不會熱愛生活，也絕不會有什麼幽默感可言。

（3）注意培養自己的其他能力

幽默既是知識的結晶，又是各種能力的結合。因此，要培養幽默感，必須注重培養自己的其他能力。

首先要注意提高觀察力。只有這樣，才能明察秋毫，從平凡中看到本質，從司空見慣的日常小事中看到情趣，從而才有可能借助語言或其他手段幽默地表現出來。其次，要豐富自己的想像力。富於想像，才能從平凡的生活素材中，找到別出心裁的幽默構思。

除了培養觀察力和想像力之外，還應培養邏輯推理能力。因為許多幽默便是活用邏輯而產生的。歸納事物的能力也是必不可少的。培養了這些能力，就會反應敏捷，精密巧妙地將自己對生活的認識、理解表現出來。

(4) 多向他人學習

要使自己的語言具有幽默感，一個最有效的辦法就是向他人學習。在我們周圍不乏頗富幽默感的人，可以透過和他們聊天，增加自己的詞彙量和幽默感。

我們還可以多看喜劇和相聲演員的表演，這對於增強自己的幽默感也是很有益處的。

智慧錦囊：幽默九招

我所喜歡的幽默，是能夠使我發笑五秒鐘而沉思十分鐘的那一種。

—— 佚名

(1) 對比

透過對比可以揭示事物的不一致性，使用對比句是逗人發笑的極好方法。古羅馬政治家西塞羅（Marcus Tullius Cicero）就常用這一方法，比如：

「先生們，我這個人什麼都不缺，除了財富與美德。」

（2）反覆

反覆申說同一語句，能夠產生不協調氣氛，從而獲得幽默效果。

（3）故意囉嗦

畫蛇添足也能引人發笑。如相聲名段〈打電話〉，主要用的就是這種技巧。

（4）巧用歇後語

歇後語也是一種轉折形式；它分為前後兩部分，前句一出，造成懸念，後面句意翻轉，產生轉變，「緊張」從笑中得到宣洩。如：「十五個吊桶 ── 七上八下。」

（5）倒裝

透過語言詞彙的變通使用，把正常情況下人物關係，本末、先後、尊卑關係等在一定條件下互換位置，能夠產生強烈的幽默效果。

（6）巧妙引用

比較常用的幽默方法是引用，即以其人之語還治其人之身。如：

老師對吵鬧不休的女學生說：

「兩個女子等於一千隻鴨子。」

不久，師母來校，一個女學生趕忙向老師報告：「老師，外面有五百隻鴨子找您。」

（7）轉變語意也是行之有效的幽默手段

當一個表達方式在特定條件下扭曲成另外的意義時，便會獲得幽默的效果。

講個笑話，空姐用和諧悅耳的聲音對旅客說道：

「請各位乘客繫好安全帶。」

所有的旅客都按照空姐的吩咐做了。過了五分鐘後，空中小姐用比前次還優美的聲音又說道：

「請各位再把安全帶繫緊點吧，很不巧，我們飛機上忘了帶食品。」

(8) 誇張也是人們常用的幽默技巧

運用豐富的想像，把話說得誇張且有趣，也能起到幽默的效果。如這則笑話〈心不在焉的教授〉，也是運用了誇張這一手法的。

教授：為了更確切地講解青蛙的解剖；我給你們看兩隻解剖好了的青蛙，請大家仔細觀察。

學生：教授！這是兩片土司和煎蛋。

教授：我可以肯定，我已經吃過午餐了，但是那兩隻解剖好的青蛙呢？

(9) 「天真」也是一帖有效的幽默藥方

佛洛伊德（Sigmund Freud）就曾把天真看成是最能令人接受的滑稽的形式。

機場服務處的櫃檯小姐接到一個男人打來的電話：「小姐，我是乘 8 點半那班飛往紐約的 ×× 航班的旅客，請問飛機能否推遲半小時起飛？因為我還在路上。」

櫃檯小姐：「對不起，先生，我們不能為了您而浪費大家的時間。」

男人仍不死心：「我可是坐頭等艙的，難道就沒有特殊待遇嗎？」

櫃檯小姐回答：「沒有，因為頭等艙必須和經濟艙同時起飛。」

幽默的說話方式還有很多，諸如比喻、轉折、雙關、故作曲解、故作天真等也都為人們所喜愛。僅僅懂得了幽默的技巧還不足以表明富於幽默，正像有了毛筆不一定就能成為書法家一樣，關鍵在於運用。

附錄

▌你是一個討人喜歡的人嗎

　　每個人都希望自己成為一個招人喜歡的人，透過以下這個測試，可以幫助你了解自己，使你在生活中揚長避短。

1. 如果別人說你是個溫和的人，你會：

　　A. 漠不關心地認為：「別人怎麼說，我無所謂。」

　　B. 心胸狹窄地認為：「我的膽子實在太小了。」

　　C. 暗暗地下決心：「從今後要更溫和些。」

2. 在公車上，如果旁邊的小孩又哭又鬧，你會：

　　A. 討厭地認為：「煩死了，如果家長能制止他就好了。」

　　B. 認為：「小孩子沒辦法，什麼也不懂。」

　　C. 認為：「教育孩子真不容易啊。」

3. 和朋友爭論完了回家之後，你一個人獨處時，你會：

　　A. 遺憾地認為：「如果剛剛我那樣說就能講贏對方了。」

　　B. 後悔地認為：「當時沒有充分解釋清楚自己的想法。」

　　C. 高興地認為：「人的想法各不相同，真高興有機會能說出自己的想法。」

4. 當你突然遇到一個很會打扮的人時，你會：

　　A. 說道：「服裝有什麼好講究的，隨便一點不是更好嗎？」

　　B. 羨慕地說：「我也想學會像他那樣的打扮方式。」

　　C. 認為：「裝束能體現人的內心，那人內心世界一定很豐富吧！」

5. 如果不是你的錯，但結果卻造成對方的麻煩，你會：

　　A. 認為：「因為不是我的錯，不道歉也可以。」

　　B. 道歉地說：「對不起，但這也是沒辦法的事。」

　　C. 誠懇地賠禮道：「不管怎樣，是我給您添麻煩了。」

6. 如果別人說你是個獨具一格的人，你會：

　　A. 生氣地認為：「一定是在諷刺我。」

　　B. 認為：「不管怎樣，別具一格是好事。」

　　C.「我獨特在哪裡呢？」在考慮這個問題的同時，心中頗有些興
　　　奮。

7.「人類只有互相幫助才能生存。」對於這個觀點，你認為：

　　A. 如果都為別人著想，那就不能生存。」

　　B.「道理上是這麼說，但人往往是自私的。」

　　C.「要認真做到這一點也許難，但我一定會努力去做。」

8. 如果在談話時，別人讚美你朋友的優點，你會：

　　A.「也不全是這樣吧？」然後強調其缺點。

　　B. 問道：「該怎麼說才好呢？」

　　C. 一起讚美道：「我也這麼認為。」

9. 如果別人問你：你是受歡迎的人還是不受歡迎的人？你會：

　　A. 不高興地回答：「不知道受歡迎還是不受歡迎。」然後置之不
　　　理。

　　B. 深入思考道：「我究竟屬於哪一種人。」

　　C. 笑著說道：「還算是受歡迎的。」

10. 陌生人向你問路時：

　　A. 評價他的行為。

　　B. 怕麻煩，告訴他不知道。

　　C. 告訴他詳細的路線，並把他引向正確的方向。

請參考下表，計算得分。

題號 得分 選項	1	2	3	4	5	6	7	8	9	10
A	1	1	1	1	1	1	1	1	1	1
B	2	2	2	2	2	2	2	2	2	2
C	3	3	3	3	3	3	3	3	3	3

說明：

分數為 15 分以下：你是個幼稚、虛榮心強、惹人討厭、不受喜歡的人。

分數為 15～25 分：你志趣向上，但自我意識過強、自負。

分數為 25 分以上：屬於深受別人喜歡的人。

沒人懂你，肯定是你的問題！

是靠自己最好，還是因為你只有自己可以靠？80 個魅力訣竅，從今天開始自我改造！

編　　　著：卓文綺，江城子

發 行 人：黃振庭

出 版 者：崧燁文化事業有限公司

發 行 者：崧燁文化事業有限公司

E-mail：sonbookservice@gmail.com

粉 絲 頁：https://www.facebook.com/
　　　　　sonbookss/

網　　　址：https://sonbook.net/

地　　　址：台北市中正區重慶南路一段六十一號八
　　　　　樓 815 室

Rm. 815, 8F., No.61, Sec. 1, Chongqing S. Rd.,
Zhongzheng Dist., Taipei City 100, Taiwan

電　　　話：(02)2370-3310

傳　　　真：(02)2388-1990

印　　　刷：京峯彩色印刷有限公司（京峰數位）

律師顧問：廣華律師事務所 張珮琦律師

- 版權聲明 ————

本作品中文繁體字版由五月星光傳媒文化有限公
司授權台灣崧博出版事業有限公司出版發行。未
經書面許可，不得複製、發行。

定　　　價：350 元

發行日期：2022 年 10 月第一版

◎本書以 POD 印製

國家圖書館出版品預行編目資料

沒人懂你，肯定是你的問題！是靠
自己最好，還是因為你只有自己可
以靠？80 個魅力訣竅，從今天開
始自我改造！/ 卓文綺，江城子編
著 . -- 第一版 . -- 臺北市：崧燁文
化事業有限公司 , 2022.10
　　面；　公分
POD 版
ISBN 978-626-332-809-9(平裝)
1.CST: 人際關係 2.CST: 生活指導
177.3　　111015869

電子書購買

臉書